1492
Das geheime Manuskript

Ein Leseprojekt
zu dem
gleichnamigen Roman
von
Peter Gissy

erarbeitet
von
Ben Faridi

Illustrationen
von
Carsten Märtin

Cornelsen

Inhaltsverzeichnis

Kapitel 1

1 Ich bin Teodor und lebe in Göteborg. Dort gehe ich
2 auf eine Schule, an der mein Vater Geschichtslehrer ist.
3 Alle sagen, dass er einer der größten Kenner
4 alter Karten und Schriftstücke auf der ganzen Welt sei.
5 Letzte Woche bekam mein Vater einen Anruf, der ihn
6 unruhig werden ließ. In einem spanischen Kloster wurde
7 ein altes Schriftstück gefunden. In dem Kloster hatte
8 vor ungefähr fünfhundert Jahren einmal
9 Christoph Kolumbus, der berühmte Seefahrer, gewohnt.
10 Vielleicht hatte das Schriftstück etwas mit Kolumbus
11 zu tun!

12 Mein Vater buchte den nächsten Flug nach Spanien.

13 Weil noch Sommerferien waren, durfte ich mitkommen.

14 Die Reise zu dem spanischen Kloster dauerte fast

15 einen ganzen Tag.

16 Ein freundlicher älterer Mönch führte uns

17 durch das Kloster. Er hatte das Schriftstück entdeckt,

18 als er eine Stromleitung reparieren wollte.

19 Durch eine schwere Holztür gingen wir in den Keller

20 und liefen danach durch mehrere dunkle und

21 feuchte Gänge.

22 Plötzlich leuchtete der Mönch mit seiner Taschenlampe

23 auf ein schwarzes Fass. „Darin ist es!", flüsterte er.

24 Das Fass war schwer, aber zu dritt konnten wir es

25 aus der niedrigen Ecke in die Mitte des Raums

26 hervorziehen.

27 Der Mönch gab mir die Taschenlampe und öffnete

28 das Fass.

29 Mich packte die Neugier und ich schaute gespannt

30 in das Fass hinein.

31 „Das sieht aus wie eine Tapetenrolle", sagte ich.

32 „Nicht anfassen, Teodor", warnte mich Vater. „Das ist

33 ein Pergament. Früher, als es noch kein Papier

34 gab, schrieb man auf Pergament. Es ist aus Tierfell

35 gemacht. Bitte leuchte mir mit der Taschenlampe."

36 Ganz vorsichtig hob mein Vater das Pergament

37 aus dem Fass und legte es auf einen kleinen Holztisch.

38 Dann zog er Stoffhandschuhe an und löste langsam

39 die einzelnen Schichten des Pergaments. Im Schein

40 der Taschenlampe sah er sich das Geschriebene

41 genauer an.

42 „Das ist altes Spanisch, wie man es zu Zeiten
43 von Kolumbus gesprochen hat!", rief er. „Das können
44 heute nur noch wenige Menschen lesen. Ich kenne aber
45 einen Professor an der Universität von Sevilla [sprich:
46 Sevija], der diese alte Sprache beherrscht. Wir müssen
47 sofort zu ihm."
48 Vater rollte das Pergament vorsichtig in ein weiches Tuch,
49 damit nichts kaputtgehen konnte.
50 Der Mönch führte uns wieder nach oben ans Tageslicht.
51 Kurze Zeit später verabschiedeten wir uns und fuhren
52 zu dem Professor für altes Spanisch nach Sevilla.

53 Vorsichtig nahm Vater das Pergament aus dem Tuch
54 und breitete es auf dem Tisch des Professors aus.
55 Mit großen Augen sah der Professor
56 auf die vergilbten Schriftzeichen.
57 „Ein gewisser Pedro Gucci [sprich: Gutschi] hat den Text
58 geschrieben", sagte er, während er das Schriftstück
59 überflog. „Pedro war Mönch und begleitete
60 Christoph Kolumbus auf einer seiner großen Seereisen!"
61 „Haben wir also die Beschreibung einer Seereise
62 von Kolumbus gefunden?", fragte Vater ungläubig.
63 „Das wäre eine echte Sensation!"
64 Vater und ich lauschten gespannt dem Professor:
65 Er las vor, was der Mönch Pedro
66 vor über fünfhundert Jahren geschrieben hatte.
67 Pedros Geschichte begann im August 1492 …

Fortsetzung folgt

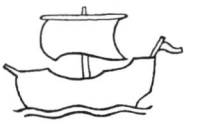

1. Im Kapitel lernst du Teodor kennen.
Was erfährst du über ihn und seinen Vater?
Kreuze jeweils die richtige Antwort an.
Tipp: Wenn du nicht weiterweißt,
lies noch einmal die Seiten 3 und 4.

a) Wo lebt Teodor?
❏ in Mailand   ❏ in Göteborg
❏ in Sevilla   ❏ in Hamburg

b) Was ist Teodors Vater von Beruf?
❏ Deutschlehrer   ❏ Spanischlehrer
❏ Sportlehrer   ❏ Geschichtslehrer

c) Wohin fliegen Teodor und sein Vater?
❏ nach Frankreich ❏ nach Griechenland
❏ nach Spanien   ❏ nach Russland

d) Was zeigt der Mönch ihnen
in dem Kloster in Spanien?
❏ ein Schwert   ❏ alte Stoffe und Kleider
❏ Goldstücke   ❏ ein beschriebenes Pergament

e) Worin war das Schriftstück versteckt?
❏ in einer Kiste   ❏ in einer Tasche
❏ in einem Fass   ❏ in einer Schublade

2. Im Kapitel kommen diese Wörter vor:
   der Mönch, das Pergament, der Professor.

a) Was siehst du auf den Bildern? Beschreibe mündlich.

b) Was bedeuten die Wörter?
   Ergänze sie in der passenden Erklärung.

der Professor

_____:

Papier aus geglätteter
Tierhaut, meist
aus Schaf-, Kalb- oder
Ziegenfellen hergestellt.

das Pergament

_____:

ein Mann, der einer
religiösen Glaubens-
gemeinschaft angehört und
nach bestimmten Regeln
lebt. Manche Mönche tragen
einen Kapuzenmantel,
eine so genannte Kutte.

der Mönch

_____:

eine Person,
die an einer Universität
oder Hochschule
Studenten unterrichtet.

7

3. Der Text auf dem Pergament ist in altem Spanisch geschrieben.
Wer hat den Text geschrieben?
Ergänze den Namen.

Den Text hat der Mönch P ⬚ ⬚ ⬚ ⬚ G ⬚ c c ⬚

geschrieben.

4. Worüber schreibt der Mönch?
Bringe die Satzteile in die richtige Reihenfolge.
Schreibe die Antwort auf die Linien.
Tipp: Am Ende des Satzes steht ein Punkt.

| schreibt | über Kolumbus' Seereise |
| nach Amerika. | Der Mönch | von Spanien |

Der M _____

_____

5. Im Kapitel erfährst du etwas über Christoph Kolumbus.
Wer war er? Wann lebte er ungefähr?
Vervollständige die Sätze.
Tipp: Lies noch einmal Seite 3.

Christoph Kolumbus war ein berühmter _____.

Er lebte vor ungefähr _*f*_____ Jahren.

6. Es gibt Städte, Länder und Kontinente.
   Was ist was?

a) Hängt eine Weltkarte in der Klasse auf.
   Legt einen Atlas und ein Lexikon bereit.
   Benutzt diese Hilfsmittel, wenn ihr nicht weiterwisst.

b) Links in der Tabelle stehen Namen von Städten,
   Ländern und Kontinenten.
   Ordnet die Namen den drei Begriffen zu.
   Kreuzt in der Tabelle jeweils an.

	Stadt	Land	Kontinent
Deutschland			
China		X	
Berlin			
Europa			
Göteborg			
Schweden			
Spanien			
Sevilla			
Asien			
Nordamerika			

9

Kapitel 2

1 Der August 1492 war ein heißer Monat und die Luft
2 am Hafen von Palos war stickig.
3 Ich, der Mönch Pedro Gucci, stand schwitzend
4 zwischen den Seeleuten, die beim Beladen
5 der Segelschiffe großen Lärm verursachten.
6 Es war heute ein bedeutender Tag für mich:
7 Ich stand in einer Warteschlange, um mich
8 zum ersten Schiffsdienst in meinem Leben
9 anzumelden.

10 Endlich war ich an der Reihe und trat zu dem Tisch vor,

11 hinter dem ein Mann mit einer roten Wollmütze saß.

12 „Wer bist du?", fragte er mich.

13 „Bruder Pedro Gucci", antwortete ich.

14 Er sah in ein großes Buch, fand dort meinen Namen und

15 hakte ihn ab. Dann sah er wieder auf.

16 „Pedro, du segelst auf der Santa Maria", sagte er. Dann

17 lächelte er mich an. „Ich heiße Miguel", stellte er sich vor.

18 „Wir werden Schiffskameraden sein."

19 Von hinten drängte schon der Nächste, also trat ich

20 zur Seite und ging zu meinem Schiff.

21 Eine Kutsche rollte näher und hielt neben mir.

22 Ich erkannte das grimmige Gesicht sofort.

23 Christoph Kolumbus stieg aus der Kutsche. Als er mich

24 sah, strahlte er.

25 „Pedro!", rief Kolumbus herzlich. „Wir haben uns viel

26 zu lange nicht gesehen!"

27 Mir wurde warm ums Herz und ich erinnerte mich

28 an unsere erste Begegnung sechs Jahre zuvor.

29 Damals war ich ein einfacher Junge gewesen und hatte

30 in einem Kloster in der Nähe von Palos gelebt.

31 Dort war ich zum Mönch ausgebildet worden.

32 In jener Nacht, als ich Kolumbus zum ersten Mal sah,

33 wütete ein furchtbares Gewitter.

34 Gemeinsam mit meinem Freund Carlos und

35 einigen Mönchen saß ich im warmen Speisesaal.

36 Auf einmal klopfte es laut.

37 „Brüder", sagte der Klostervorsteher zu uns, „hört ihr

38 nicht, dass jemand an der Tür ist?"

39 Wir öffneten und ein Fremder trat ein.

40 Er hatte ein grimmiges Gesicht, aber dann begrüßte er
41 uns freundlich.
42 „Guten Abend, Freunde", sagte der Fremde. „Ich bin
43 schon lange unterwegs und wurde
44 von dem schlechten Wetter überrascht. Darf ich
45 ein paar Nächte hier im Kloster bleiben?"
46 „Seid willkommen", begrüßte der Klostervorsteher
47 den Fremden.
48 Der Fremde verbeugte sich. „Mein Name ist
49 Christoph Kolumbus. Ich bin Entdeckungsreisender."
50 Niemand von uns wusste, was ein „Entdeckungsreisender"
51 ist. Den ganzen Abend tuschelten Carlos und ich darüber,
52 was Kolumbus wohl schon entdeckt hatte.

53 Kolumbus brachte einige Aufregung
54 in unser ruhiges Leben im Kloster.
55 Schon am ersten Abend nach seiner Ankunft kam
56 der älteste Mönch im Kloster, Bruder Luis,
57 völlig aufgelöst aus einer Versammlung.
58 „Er ist vollkommen verrückt", schimpfte er, als er Carlos
59 und mich sah. „Glaubt mir, er verdreht den Menschen
60 den Kopf!"
61 „Von wem redest du?", fragte ich.
62 „Kolumbus!", sagte Bruder Luis. „Er glaubt, die Erde
63 sei rund! Rund wie eine Kugel!"
64 Carlos und ich sahen uns fragend an. Dann lachten wir,
65 weil dieser Gedanke so unvorstellbar war.
66 „Aber die Erde ist doch flach wie eine Scheibe", sagte
67 Carlos. „Das sieht man doch." Er zeigte aus dem Fenster
68 zu der Stelle, wo die Erde und der Himmel sich berühren.
69 „Kolumbus will auf die andere Seite der Erde fahren",

70 fuhr Bruder Luis kopfschüttelnd fort, „und einen Seeweg
71 von Spanien nach Indien finden."
72 „Aber das geht doch nicht!", warf Carlos ein. „Er wird
73 am Rand der Erde ankommen und hinunterfallen."
74 „Nicht nur das", sagte Bruder Luis. „In der katholischen
75 Kirche wird gelehrt, dass die Erde flach ist. Und man darf
76 nicht gegen die Lehre der Kirche sprechen!"
77 Ich wurde nachdenklich.
78 Was war, wenn dieser Kolumbus Recht hatte?
79 Wenn die Erde doch rund wie eine Kugel war?
80 Dann konnte Kolumbus vielleicht tatsächlich um die Erde
81 segeln und auf dem Seeweg nach Indien gelangen …
82 Diese Vorstellung ließ mich nicht mehr los.
83 Kolumbus verließ das Kloster nach zwei Wochen.
84 Er wollte das spanische Königspaar um Geld
85 für seine Entdeckungsreise bitten.
86 Ich sah ihn lange Zeit nicht wieder.

87 Eines Nachmittags kam ein Besucher auf das Kloster
88 zugeritten. Ich erkannte Kolumbus und rannte ihm
89 entgegen.
90 „Ich kann auf Entdeckungsreise gehen!", rief er mir zu.
91 „Der König und die Königin haben mir das Geld
92 für das Schiff und die Mannschaft gegeben." Er stieg
93 vom Pferd und umarmte mich vor Freude. Dann sagte er
94 den Satz, nach dem ich mich schon so lange gesehnt
95 hatte: „Du kommst doch mit, Pedro?"

Fortsetzung folgt

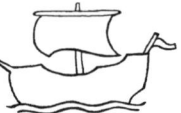

1. Wann genau meldet sich Pedro zum Schiffsdienst?
Und wie war das Wetter damals?
Kreuze die richtige Antwort an.

❑ Pedro meldet sich im Januar 1294
zu dem Schiffsdienst.
Das Wetter war winterlich kalt und die Luft klar.

❑ Pedro meldet sich im August 1492
zu dem Schiffsdienst.
Das Wetter war sommerlich heiß und die Luft stickig.

2. Im Kapitel kommen verschiedene Namen vor.
Wer oder was trägt welchen Namen?
Schreibe neben jede Frage den richtigen Namen.
Tipp: Lies noch einmal die Seiten 10 bis 12.

Luis / Christoph Kolumbus / Carlos /
Palos / Santa Maria / Miguel

Wie heißt die spanische Stadt am Hafen? _P_____

Wer sitzt in der Kutsche?

_____ _____

Wie lautet der Name des Segelschiffs?

_____ _____

Wie heißt der Mann mit der Wollmütze? _____

Welchen Namen hat der älteste Mönch im Kloster?

Bruder _____

Wie heißt Pedros Freund? _____

3. Pedro hat seine erste Schiffsreise vor sich.
Eigentlich lebt er im Kloster.
Wie ist das Leben im Kloster?
Lies den Sachtext.

Das Leben der Mönche im Kloster

1 Im Kloster leben Mönche **mit anderen Mönchen**
2 **zusammen.** Mönche haben **keine Frau** und
3 **keinen eigenen Besitz.** Sie **sorgen gemeinsam**
4 **für ihren Lebensunterhalt.**
5 Keiner arbeitet nur für sich. Alles wird geteilt.
6 Einen großen Teil ihrer Zeit verbringen Mönche
7 mit religiösen Handlungen wie zum Beispiel **Beten.**
8 Es gibt christliche, islamische, jüdische und
9 buddhistische Klöster.

4. Was hast du im Sachtext erfahren?
Kreuze an.

☐ Mönche haben eine Frau und besitzen
   viel eigenes Geld.
☐ Mönche haben keine Frau und keinen eigenen Besitz.
☐ Mönche verbringen viel Zeit mit Beten.
☐ Jeder Mönch sorgt allein für seinen Lebensunterhalt.
☐ Die Mönche sorgen gemeinsam für ihren Lebens-
   unterhalt.

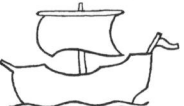

5. Wann haben sich Pedro und Kolumbus kennengelernt?

a) Lies die Textaufgabe.

Pedro Gucci trifft Christoph Kolumbus
im Jahr **1492** am Hafen von Palos.
Er kennt ihn aber bereits seit **6** Jahren.
In welchem Jahr hat Pedro Kolumbus kennengelernt?

b) Rechne. Schreibe den Rechenweg auf.

$1492 -$ ☐ $=$ ☐

c) Vervollständige nun den Satz.

Pedro hat Kolumbus im Jahr ＿＿＿＿＿＿ kennengelernt.

**6. Was hast du in diesem Kapitel
über Christoph Kolumbus erfahren?
Schreibe drei vollständige Sätze in dein Heft.**

Christoph Kolumbus	nimmt an,	von Spanien nach Indien segeln.
Er	möchte	das spanische Königspaar um Geld für seine Reise.
Kolumbus	bittet	dass die Erde rund wie eine Kugel ist.

7. Zur Zeit von Christoph Kolumbus gab es unterschiedliche Ansichten darüber, wie die Erde ist.

a) Lies die folgenden Texte.

Die katholische Kirche damals war dieser Ansicht:
Die Erde ist eine Scheibe. Wenn man von einem Berg aus über das Land blickt, sieht man, dass die Erde flach ist. An ihrem Rand kann man also hinunterfallen.

Kolumbus war damals dieser Ansicht:
Die Erde ist rund wie eine Kugel. Man kann die Erde mit einem Schiff umrunden, ohne herunterzufallen.

b) Male unter jeden Text ein passendes Bild von der Erde.

8. Seid ihr schon einmal mit einem Schiff gefahren? Erzählt in der Klasse davon.

Kapitel 3

1 Jetzt gehörte ich zur Mannschaft von Kolumbus und
2 würde mit ihm auf Entdeckungsreise gehen.
3 Meine Aufgabe auf der Santa Maria war,
4 mit der Mannschaft zu beten und Gottesdienst zu halten.
5 Schon am nächsten Tag sollte die große Reise losgehen.
6 Aufgeregt kehrte ich in eines der vielen Wirtshäuser
7 ein und aß etwas.
8 „Pedro!", rief plötzlich jemand.

9 Ich drehte mich um und entdeckte meinen Freund
10 Carlos. „Was machst du hier?", fragte ich.
11 „Ich habe dich gesucht", sagte er bedrückt. „Ich muss
12 das Kloster verlassen und wollte zu meinen Eltern
13 zurück. Aber sie sind verschwunden."
14 „Was ist passiert?", fragte ich.
15 „Ein Nachbar hat mir erzählt, dass meine Eltern
16 von Kirchenmitgliedern abgeholt wurden. Es gab
17 eine Inquisition!"
18 Ich zuckte zusammen. Die so genannte
19 „heilige" Inquisition war eine Untersuchung, um
20 Andersgläubige aufzuspüren. Vielen Menschen wurde
21 danach schlimmes Leid zugefügt.
22 Carlos wischte sich Tränen aus den Augen.
23 „Und jetzt … jetzt weiß ich nicht, wohin", sagte Carlos
24 verzweifelt. „Ich habe gehört, dass du mit Kolumbus
25 fahren wirst." Carlos griff nach meiner Hand. „Bitte,
26 nimm mich mit!"
27 Ich hatte großes Mitleid mit Carlos, denn ich war selbst
28 ohne Eltern aufgewachsen.
29 „Wir versuchen, eine Arbeit auf dem Schiff für dich
30 zu finden", sagte ich.
31 Carlos sah mich dankbar an und wir gingen
32 zu Kolumbus. Aufmerksam hörte Kolumbus dem Bericht
33 meines Freundes zu.
34 „Kannst du schreiben und gut zeichnen?", fragte er
35 Carlos.
36 „Ja, das kann ich", antwortete Carlos.
37 „Ich kann jemanden gebrauchen, der mir dabei hilft,
38 die Entwürfe meiner Karten sauber abzuzeichnen",
39 sagte Kolumbus zu Carlos. „Ich werde

40 während der Reise sicher viele Karten anfertigen."
41 Carlos war erleichtert und lächelte dankbar.
42 Wir legten uns an diesem Abend früh schlafen, um
43 unser Abenteuer am nächsten Morgen ausgeruht
44 beginnen zu können.

45 Lautes Vogelgeschrei weckte uns. Das blaue Meer lag
46 unbeweglich da. Es war windstill. Kolumbus war
47 im Gespräch mit den Kapitänen der anderen Schiffe
48 im Hafen. Ein älterer Kapitän rief mit kräftiger Stimme:
49 „Wind! Lass Wind aufkommen!"
50 Kolumbus riss sich ein Haar aus und ließ es fallen.
51 Nicht der geringste Luftzug störte es, während es
52 zu Boden sank.
53 „Was machen wir, wenn es heute überhaupt keinen Wind
54 gibt?", fragte Carlos.
55 „Es gibt immer Wind", antwortete Kolumbus. „Hat es
56 jemals einen Tag gegeben, der völlig windstill gewesen
57 ist?"
58 Eine Stunde später zerrten tatsächlich ein paar Luftstöße
59 an der Fahne. Kolumbus schwenkte seinen Hut
60 durch die Luft und rief laut: „Auf nach Indien!"
61 Es hagelte Befehle. Mit der Santa Maria an der Spitze
62 glitten drei prachtvolle Schiffe aufs Meer hinaus.
63 Carlos und ich winkten fröhlich den Leuten im Hafen zu.
64 „Wir kommen zurück!", riefen wir.

Fortsetzung folgt

Aufgaben

1. **Pedro fährt als Mönch auf dem Schiff mit.**
   Welche Aufgaben hat er?
   Kreuze an.

   ❏ Pedro steuert das Schiff.
   ❏ Pedro schält Kartoffeln für das Essen der Mannschaft.
   ❏ Pedro betet mit der Mannschaft und hält Gottesdienste.

2. **Im Mittelalter gab es**
   die so genannte „heilige" Inquisition.
   Was ist das? Lies den folgenden Sachtext.

   Die „heilige" Inquisition

   1 Inquisition heißt übersetzt **„Untersuchung".**
   2 Eine kirchliche Stelle führte die Inquisition durch.
   3 Sie hatte die Aufgabe, Menschen aufzuspüren,
   4 die **einen anderen Glauben hatten oder gegen**
   5 **die Lehre der katholischen Kirche** verstießen.
   6 Diese Menschen wurden nämlich als Gefahr
   7 für die Kirche angesehen. Zur **Strafe** wurden sie
   8 **gefoltert** und auf dem **Scheiterhaufen** verbrannt.
   9 Im Mittelalter, um das Jahr 1200, wurden solche
   10 Untersuchungen erstmals durchgeführt.

3. **Was hast du im Sachtext erfahren?**
   Beantworte die folgenden Fragen.
   Schreibe die Fragen und die Antworten in dein Heft.

   – Was heißt Inquisition übersetzt?
   – Wen spürte die kirchliche Stelle auf?
   – Wie wurden Menschen mit anderem Glauben bestraft?

4. Carlos macht sich große Sorgen.
   Wie fühlt sich Carlos?
   Kreise die passenden Adjektive (Wiewörter) ein.

traurig   *ängstlich*   *allein*

hungrig   *verzweifelt*   *müde*

5. Sprecht in der Klasse über diese Fragen:
   – Welche Sorgen macht sich Carlos?
   – Was befürchtet er?
   – Was hofft er?

6. Carlos darf mit auf Entdeckungsreise gehen.
   Welche Arbeit soll er auf dem Schiff erledigen?
   Kreuze an.

   ❏ Er soll die Wäsche der Seeleute waschen.
   ❏ Er soll die Entwürfe von Kolumbus' Karten sauber
   abzeichnen.

7. Im Mittelalter sind viele Menschen
   wegen ihres Glaubens oder ihrer Religion
   bestraft oder getötet worden.
   Gibt es so etwas heute auch noch?
   Sprecht in der Klasse darüber.

8. Diese Karte könnte Kolumbus Pedro zum Abzeichnen geben.

a) Sieh dir die Karte genau an.

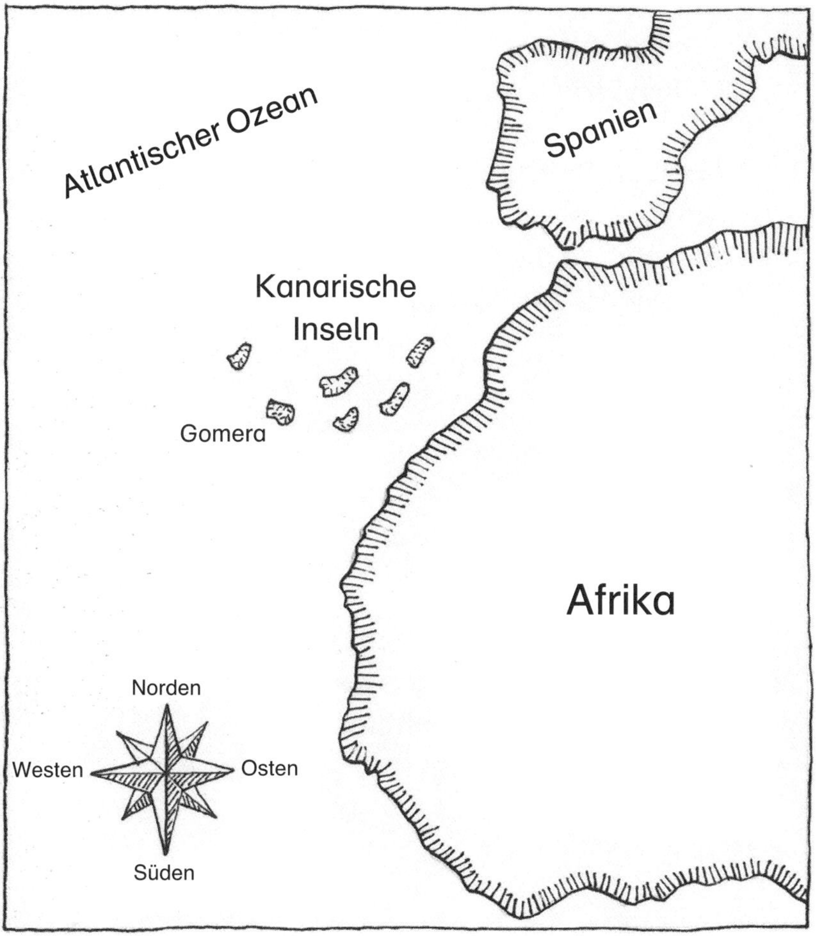

Atlantischer Ozean

Spanien

Kanarische Inseln

Gomera

Afrika

Norden

Westen — Osten

Süden

b) Zeichne die Karte so genau wie möglich ab.
   Zeichne auf ein weißes Blatt Papier.

c) Vergleiche deine Karte mit den Karten
   deiner Mitschüler.

9. Du hast jetzt selbst eine Karte abgezeichnet.
Welche Fähigkeiten brauchtest du dazu?
Kreuze an. Nur drei Antworten sind richtig.

❑ eine ruhige Hand   ❑ viele gute Einfälle
❑ Schnelligkeit   ❑ Sorgfalt
❑ Freundlichkeit   ❑ Genauigkeit

10. Ein Segelschiff braucht Wind zum Fahren.
Was ruft Kolumbus, als endlich Wind aufkommt?
Vervollständige die Sprechblase.

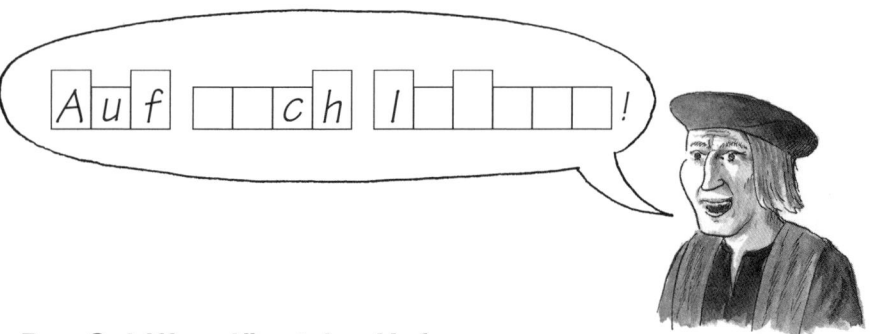

11. Das Schiff verlässt den Hafen.
Was rufen Pedro und Carlos den Leuten am Hafen zu?
Vervollständige die Sprechblase.

Kapitel 4

1 Auf der obersten Fläche des Schiffes, dem Deck,
2 herrschte ein einziges Durcheinander:
3 Die Matrosen mussten sich zwischen Tauen,
4 Fässern, Kisten, Hühnern und Ziegen ihren Weg bahnen.
5 Ich war mit Carlos gerade auf dem vorderen Teil
6 des Decks, als ich ein lautes Ächzen vernahm.
7 „Hörst du das?", fragte ich Carlos.
8 „Ja, ein schreckliches Geräusch", sagte er. „Was ist das
9 wohl?"

10 Im selben Augenblick kam Miguel vorbei, den ich schon
11 vom Hafen kannte.
12 „Kommt, ich zeige euch, wo der Lärm herkommt", sagte
13 er.
14 Wir folgten ihm unter Deck. Wärme schlug uns entgegen
15 und es roch stark nach Schweiß.
16 Ein Matrose mit nacktem Oberkörper bewegte
17 eine Pumpe auf und ab.
18 „Diese Schiffe lecken ständig", erklärte uns Miguel.
19 „Das heißt, sie sind undicht und Wasser läuft hinein.
20 Mit den Pumpen wird das Wasser wieder aus dem Schiff
21 befördert. Deswegen müssen sie ununterbrochen
22 in Gang gehalten werden."
23 Neugierig beobachteten wir den kräftigen Matrosen
24 an der Pumpe. Miguel klopfte ihm auf die Schulter.
25 „Das ist Mathias, der stärkste Mann an Bord."
26 Mathias sah mich an.
27 „Wer bist du, Milchgesicht?", fragte er.
28 „Ich heiße Pedro und bin ein Mönch", antwortete ich.
29 „Das hier ist mein Freund Carlos."
30 „Ich habe noch nie von einem Mönch gehört, der zur See
31 fährt", sagte Mathias und lachte, während er scheinbar
32 mühelos die Pumpe bediente.
33 „Darf ich es mal versuchen?", fragte Carlos.
34 „Aber sicher, Jüngelchen", gab Mathias zurück.
35 Carlos wandte seine ganze Kraft auf, aber die Pumpe
36 bewegte sich kein Stück. Schließlich rutschte Carlos ab,
37 verlor den Halt und fiel gegen mich.
38 Ich musste lachen und half ihm wieder auf die Füße.
39 „Und nun du." Mathias zog mich an die Pumpe.
40 Als ich meine ganze Kraft einsetzte, begann die Pumpe,

41 sich ein wenig zu bewegen. Mathias schien mit mir
42 zufrieden zu sein. Dann übernahm er das Pumpen
43 wieder.

44 Als Carlos und ich am Nachmittag an Deck standen und
45 dem Steuermann zusahen, der das Schiff steuerte,
46 kam Kolumbus auf uns zu.
47 „Bevor wir nach Indien segeln, laden wir noch
48 auf Gomera Lebensmittel für die Reise", sagte er.
49 „Gomera, wo liegt das?", fragte ich.
50 „Das ist eine der Kanarischen Inseln. Morgen sind wir
51 da."

52 Kurz nach Sonnenaufgang des folgenden Tages rief
53 der Mann, der oben im Ausguck stand: „Land in Sicht!"
54 Ich kletterte mit Carlos die Segel nach oben, soweit wir
55 konnten. Dort hatten wir Gomera im Blick. Die Insel
56 im Meer sah aus wie ein Spiegelei. Aufgeregt kletterte ich
57 wieder hinunter an Deck und wartete, bis wir endlich
58 an Land durften.
59 Gomera war anders als alles, was wir jemals gesehen
60 hatten. An steilen Hängen wuchsen Apfelsinen.
61 Bei einem Händler kauften wir die ersten Bananen
62 unseres Lebens. Ich hatte schon von Bananen gehört,
63 aber noch nie welche gesehen. Wir aßen sie gleich
64 an einem Sandstrand. Die Bananen schmeckten
65 wunderbar süß.
66 Bis zum Sonnenuntergang erkundeten wir die Insel. Erst
67 dann kehrten wir müde zum Schiff zurück und legten uns
68 bald schlafen. Aber es wurde keine erholsame Nacht.

Fortsetzung folgt

1. An Deck der Santa Maria herrscht großes Durcheinander.
Wen und was siehst du dort?
Beschrifte das Bild.

Hühner / Ziegen / Fässer / Kisten / Matrosen / Taue

2. Pedro und Carlos hören ein lautes Ächzen.
Miguel zeigt ihnen, wo der Lärm herkommt.
Was geschieht dann?
Ergänze die Sätze.
Trage die Wörter und Wortgruppen in die Lücken ein.

> nach Schweiß / undicht / Wasser lief hinein /
> kein Stück / Wärme entgegen / schaffte es /
> aus dem Schiff / eine Pumpe auf und ab

Unter Deck schlug ihnen _____ _____.

Es roch stark _____ _____.

Mathias, der stärkste Matrose an Bord, bewegte

_____ _____ _____ _____ _____.

Das Schiff leckte, das heißt, es war _____

und _____ _____ _____.

Mit der Pumpe beförderte Mathias das Wasser

_____ _____ _____.

Carlos konnte die Pumpe _____ _____

bewegen.

Pedro _____ ____ ein wenig, sie zu bewegen.

3. Nicht alle Tätigkeiten benötigen viel körperliche Kraft.
Kreuze jeweils in der Tabelle an.

Tätigkeit	viel Kraft	kaum Kraft
eine Karte abzeichnen	❑	❑
eine schwere Pumpe bewegen	❑	❑
mit der Mannschaft beten	❑	❑
schwere Fässer tragen	❑	❑

4. Die erste Station der Reise ist die Insel Gomera,
eine der Kanarischen Inseln.
Wo liegt Gomera?
Sucht die Insel auf der Karte von Seite 23.

5. Auf Gomera wachsen Apfelsinen und Bananen.
Habt ihr schon einmal einen Apfelsinenbaum oder
eine Bananenstaude gesehen?
Sucht jeweils Bilder davon im Internet.

a) Gebt in eine Suchmaschine nacheinander
die Suchwörter „Apfelsinenbaum" oder
„Orangenbaum" und „Bananenstaude" ein.

b) Klickt jeweils die Bilder an.

Kapitel 5

1 Mitten in der Nacht weckte mich Juan [sprich: Chuan],
2 der Schiffsarzt. „Sei leise", zischte er mir ins Ohr. „Folge
3 mir und nimm dein Gebetbuch mit."
4 „Was ist passiert?", flüsterte ich.
5 Er legte einen Finger auf seine Lippen und gab mir
6 Zeichen, dass ich schnell machen sollte. Juan und ich
7 gingen an Land. Am Ufer empfing uns ein Wächter,
8 dem wir folgten. Er führte uns in die Sanddünen
9 der kleinen Hafenstadt, wo einige Männer und Frauen

10 im Kreis standen und entsetzt auf etwas in ihrer Mitte

11 starrten.

12 „Macht Platz! Fort hier!", rief der Wächter. Die Menge trat

13 zurück und ich sah auf den leblosen Körper

14 einer jungen Frau. Sie lag halb auf der Seite.

15 Ihre Kleider waren zerwühlt, ihr Gesicht war verzerrt und

16 sie war voller Blut.

17 Juan fühlte am Hals der Frau, ob ihr Puls noch schlug.

18 Dann schüttelte er den Kopf.

19 Ich verstand, dass sie tot war.

20 Als Juan den Kopf der Toten anhob, packte mich der Ekel.

21 Das Blut hatte eine tiefe Wunde im Hals verborgen.

22 „Welcher Mensch kann so etwas tun?", presste ich

23 hervor.

24 „Angeblich hat niemand etwas gesehen", antwortete

25 der Wächter.

26 Ich nahm mein Gebetbuch und betete.

27 Als die Tote auf den Karren gehoben wurde,

28 sah ich etwas im Sand glitzern und hob es auf.

29 Es war ein Zahn, in den ein kleines Loch gebohrt war.

30 Wir waren fast schon wieder bei den Booten, als mir Juan

31 seine Hand hinstreckte. Etwas Schwarzes, Wuscheliges

32 lag darin.

33 „Sind das Haare?", fragte ich.

34 „Ja. Ich habe sie in der Hand der Toten entdeckt", sagte

35 Juan.

36 „Hatte die Frau nicht eine andere Haarfarbe?"

37 „Stimmt, Pedro", sagte Juan. „Das hier könnten Haare

38 des Mörders sein."

39 Jetzt zeigte ich Juan *meinen* Fund. „Dieser Zahn lag

40 im Sand."

41 Juan sah sich den Zahn genau an. „Ich kenne so etwas
42 von meinen anderen Schiffsreisen", sagte er. „Das ist
43 ein Tigerzahn, den man zusammen mit einem Amulett
44 als Glücksbringer um den Hals trägt. Es ist ein Anhänger
45 für eine Kette."
46 „Der Zahn lag dort, wo die Tote gefunden wurde …"
47 Juan nickte. „Könnte dieser Anhänger dem Mann
48 gehören, der die junge Frau getötet hat?"
49 „Warum bist du sicher, dass ein Mann sie getötet hat?"
50 „Nur ein Mann hat Kraft genug, einem Menschen
51 eine so tiefe Wunde zuzufügen", sagte Juan.
52 „Der Mörder könnte Kratzspuren haben", sagte ich.
53 „Die Frau hat sich bestimmt gewehrt."
54 „Ich glaube, wir behalten diese Geschichte am besten
55 für uns", schlug Juan nervös vor.
56 „Warum?", fragte ich überrascht.
57 „Wir sollten den Mörder nicht warnen! Es ist gut möglich,
58 dass einer unserer Matrosen für den Tod der jungen Frau
59 verantwortlich ist."
60 Ich schauderte. Daran hatte ich bis jetzt nicht gedacht.

61 Am nächsten Morgen machte ich einen Spaziergang
62 am Strand. Im Sand hockte Pascual [sprich: Paskal],
63 einer der Schiffsjungen, und wusch sein Hemd im Meer.
64 Waren das da auf seinem Rücken etwa Kratzwunden?
65 Ich machte ein paar Schritte auf ihn zu. Mein Herz schlug
66 heftig.
67 „Was schnüffelst du hier herum?", fragte Pascual.
68 „Ich gehe spazieren", antwortete ich. „Hast du dich
69 verletzt?" Ich deutete auf seinen Rücken.
70 „Warum willst du das wissen? Lass mich in Ruhe."

71 Pascual versuchte, sein Hemd hinter seinem Rücken

72 zu verstecken. Hatte er es von den Spuren eines Mordes

73 säubern wollen? Waren etwa Blutspuren an dem Hemd?

74 Entschlossen trat ich näher an Pascual heran.

75 Da erkannte ich, dass er keine Kratzspuren hatte,

76 sondern Gras auf seinem feuchten Rücken klebte.

77 „Hau ab!", fauchte Pascual mich an.

78 Er benahm sich verdächtig, aber ich hatte nichts

79 gegen ihn in der Hand und zog mich daher zurück.

80 Nur Juan, dem Schiffsarzt, erzählte ich

81 von meinem Verdacht.

Fortsetzung folgt

1. Pedro wird mitten in der Nacht geweckt.
Wer weckt ihn?
Vervollständige den Satz.

J_____, der *Sch*_____, weckt Pedro

mitten in der Nacht.

2. Was geschieht der Reihe nach?
Tipp: Lies noch einmal die Seiten 31 bis 33.

a) Nummeriere die Sätze in der richtigen Reihenfolge.

☐ Als die Tote auf einen Karren gehoben wird,
findet Pedro etwas Glitzerndes unter ihr im Sand.

☐ Pedro und Juan werden von einem Wächter
in die Dünen geführt.

☐ Juan erklärt: „Das ist ein Tigerzahn, den man
zusammen mit einem Amulett als Glücksbringer
um den Hals trägt."

☐ Dort entdecken sie den leblosen Körper
einer jungen Frau.

☐ Später zeigt Pedro seinen Fund Juan, der ihn sich
genau ansieht.

b) Schreibe die Sätze in der richtigen Reihenfolge
in dein Heft.

   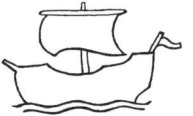 
3. Die Tote liegt in den Dünen.
   Was sind Dünen?

a) Schlage im Wörterbuch nach.

b) Verbinde so, dass die Aussage stimmt.

	ein sehr großes Mädchen.
Eine Düne ist	ein kleines Segelschiff.
	ein angewehter Sandhügel.

4. Pedro und Juan finden Dinge, die den Mörder
   verraten könnten.
   Was finden sie?
   Kreuze die beiden richtigen Wörter und Bilder an.
   Tipp: Lies noch einmal die Seiten 32 und 33.

❏ ein Haarbüschel    ❏ eine Brille

❏ ein Messer    ❏ einen Tigerzahn

5. Der Tigerzahn ist ein Glücksbringer.
   Hast du auch einen Glücksbringer?
   Oder hättest du gern einen?
   Schreibe auf die Linie.

Diesen Glücksbringer habe ich / hätte ich gern:

_____

6. Bei einem Spaziergang am Strand beobachtet Pedro den Schiffsjungen Pascual.
Pedro hält ihn für den Mörder.

a) Wodurch hat sich Pascual verdächtig gemacht?
Ergänze die Sätze.

Pascual _____ sein Hemd im Meer. Deshalb
　　　　　　wäscht / verliert

vermutet Pedro, dass er _____ beseitigt.
　　　　　　　　Kakaoflecken / Blutspuren

Pedro meint, _____ am Rücken
　　　　　Pickel / Kratzwunden

Pascuals zu entdecken.

Pascual versucht, sein Hemd _____,
　　　　　　　　anzuziehen / zu verstecken

und schickt Pedro fort.

b) Was ist tatsächlich auf Pascuals Rücken?
Beantworte die Frage mit einem vollständigen Satz.
Schreibe auf die Linien.
Tipp:　Lies noch einmal Seite 34.

Auf _____

_____

7. Wer könnte der Mörder sein?
Habt ihr einen Verdacht?
Sprecht in der Klasse darüber.

Kapitel 6

1 „Jetzt gibt es kein Zurück mehr, Pedro", sagte Kolumbus
2 und legte einen Arm um mich.
3 Wir hatten die Insel Gomera hinter uns gelassen.
4 Die Fahrt nach Indien verdrängte die Gedanken
5 an die tote junge Frau für eine Weile. Das Wetter war
6 ruhig und der Wind stand günstig. Die drei Schiffe glitten
7 in tieferes Wasser.
8 Die folgenden Tage kann ich in meiner Erinnerung kaum
9 unterscheiden: Jeden Morgen sah ich über das Meer, aber
10 mein Blick fand keinen Halt auf dem endlosen Wasser.

11 Außer Wasser und Himmel war nichts zu sehen.

12 Oft saß ich über Tag stundenlang mit den anderen

13 auf Deck zusammen und wir erzählten uns Geschichten.

14 Abwechslung boten mir nur die Gottesdienste am Abend,

15 die ich für die Mannschaft hielt. Anschließend sang ich

16 mit den Matrosen gemeinsam ein paar Lieder.

17 In der Nacht betrachtete ich den Himmel, aber

18 die leuchtenden Sterne waren das Einzige, was ich sah.

19 Dann fiel mir oft die tote junge Frau ein.

20 Über den Mord auf Gomera sprach ich nur mit Juan.

21 Als wir einmal allein an Deck standen, fragte ich ihn:

22 „Hast du inzwischen einen Verdacht, von wem

23 das Haarbüschel sein könnte, das du in der Hand

24 der Frau gefunden hast?"

25 „Es kann eigentlich von jedem stammen. Fast alle

26 auf dem Schiff haben schwarze Haare", antwortete Juan.

27 „Aber das Amulett, das zu dem Tigerzahn gehört, müsste

28 sich doch finden lassen", flüsterte ich.

29 „Das ist nicht so einfach. Wenn es der Besitzer nicht

30 um den Hals trägt, wo willst du es dann suchen, Pedro?"

31 „Ich glaube immer noch, dass Pascual etwas

32 mit dem Mord zu tun hat", sagte ich. „Er hat sich

33 am Strand so seltsam verhalten und er hat

34 schwarze Haare."

35 „Aber wir können den Verdacht nicht beweisen", sagte

36 Juan.

37 „Ich könnte Pascuals Schlafplatz nach dem Amulett

38 durchsuchen."

39 „Wie willst du das unbemerkt machen?", fragte Juan.

40 „Kannst du ihn nicht bitten, dass er dir beim Reinigen

41 deiner Arzt-Instrumente hilft, Juan?"

42 „Sicher. Aber willst du wirklich bei ihm suchen?"

43 „Ja. Wir dürfen doch den Mörder nicht ungeschoren

44 davonkommen lassen", ereiferte ich mich.

45 Schon am nächsten Tag gab mir Juan ein Zeichen, dass

46 er Pascual ablenken würde. Ich lief rasch zu Pascuals

47 Schlafstelle unter Deck. Als ich seine Kleider

48 neben dem Bett durchwühlte, war mein Hals

49 vor Aufregung ganz trocken. Auf einmal hielt ich

50 eine flache Schachtel in Händen. Ich öffnete sie und mir

51 fiel ein Amulett in die Hand. In diesem Moment hörte ich
52 Geräusche auf der Treppe und einen wütenden Schrei.
53 Als ich mich umdrehte, traf mich eine Faust ins Gesicht.
54 „Dieb! Ein Mönch, der ein Dieb ist!", schrie Pascual.
55 „Du bist ein Mörder!", schrie ich. „Das Amulett ist
56 der Beweis!"
57 Juan, der mir zu Hilfe kam, drückte Pascuals Arme
58 hinter seinem Rücken zusammen.
59 „Ich habe das Amulett am Strand gefunden und
60 mitgenommen. Ich weiß nicht, wovon ihr redet. Lasst
61 mich los!", rief Pascual.
62 „Lügner!", rief ich.
63 „Ich bin kein Lügner!", schrie Pascual. „Lasst mich los."
64 „Wo warst du an dem Abend auf Gomera?", fragte Juan.
65 „Ich war mit den anderen in einem Gasthaus.
66 Fragt sie doch", antwortete Pascual.
67 „Das werden wir machen."
68 Juan ließ ihn los. Juan und ich gingen an Deck.
69 „Vielleicht hat er das Amulett wirklich am Strand
70 gefunden", sagte Juan.
71 „Nein, nein. Er sagt uns nicht die Wahrheit. Hast du nicht
72 gesehen, wie sehr er sich ertappt gefühlt hat? Und wer
73 weiß, ob er sich aus dem Gasthaus nicht
74 davongeschlichen hat? Wir müssen mit Kolumbus
75 reden."
76 Aber Juan schüttelte den Kopf. „Nein, Pedro.
77 Kolumbus hat im Moment Wichtigeres zu tun. Er muss
78 den richtigen Weg übers Meer finden. Wir dürfen ihn nicht
79 mit dieser Sache belästigen, solange wir uns
80 nicht sicher sind."

Fortsetzung folgt

1. Die Schiffe fahren im tiefen Wasser.
Die Tage erscheinen Pedro jetzt immer gleich.
Was tut er? Vervollständige die Sätze.

> betrachtet er den Himmel / über das Meer /
> erzählen sich Geschichten

Jeden Morgen sieht er _____, aber

sein Blick findet keinen Halt auf dem endlosen Wasser.

Oft sitzt er über Tag stundenlang mit den anderen

auf Deck zusammen und sie _____

_____. In der Nacht _____

_____, aber

die leuchtenden Sterne sind das Einzige, was er sieht.

2. Das Leben auf einem Schiff bietet nicht immer
viel Abwechslung.

a) Hattest du dir das Leben auf dem Schiff
so vorgestellt?
Wie hattest du es dir vorgestellt?
Beschreibe mündlich.

b) Was könnte Pedro machen,
um mehr Abwechslung zu haben?
Mache zwei Vorschläge. Schreibe in Stichworten auf.

3. Pedro unterhält sich mit Juan über den Mord auf Gomera. Was sagen die beiden jeweils?
Lest das Gespräch in der Klasse vor.

a) Sucht euch einen Partner. Verteilt die Rollen.

b) Übt eure Textteile zu Hause. Lest sie laut.

c) Lest das Gespräch laut in der Klasse vor.

Pedro: „Hast du inzwischen einen Verdacht,
von wem das Haarbüschel sein könnte, das du
in der Hand der Frau gefunden hast?"

Juan: „Es kann eigentlich von jedem stammen.
Fast alle auf dem Schiff haben schwarze Haare."

Pedro: „Aber das Amulett, das zu dem Tigerzahn gehört,
müsste sich doch finden lassen!"

Juan: „Das ist nicht so einfach. Wenn es der Besitzer
nicht um den Hals trägt, wo willst du es suchen,
Pedro?"

Pedro: „Ich glaube immer noch, dass Pascual etwas
mit dem Mord zu tun hat. Er hat sich am Strand
so seltsam verhalten."

Juan: „Aber wir können den Verdacht nicht beweisen."

Pedro: „Ich könnte Pascuals Schlafplatz
nach dem Amulett durchsuchen."

Juan: „Wie willst du das unbemerkt machen?"

Pedro: „Kannst du ihn nicht bitten, dass er dir
beim Reinigen deiner Arzt-Instrumente hilft?"

Juan: „Sicher. Aber willst du wirklich bei ihm suchen?"

Pedro: „Ja. Wir dürfen doch den Mörder nicht
ungeschoren davon kommen lassen."

   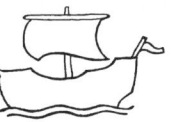 

4. Pedro durchsucht Pascuals Schlafplatz.
Wie findest du das?

a) Schreibe deine Meinung auf. Ergänze den Satz.

Ich finde das _____.

richtig / gut / falsch / gefährlich

b) Begründe deine Meinung in der Klasse.

5. Pedro hält Pascual für den Mörder.
Von Pascual könnte das Haarbüschel stammen.
Was spricht noch dafür? Vervollständige die Sätze.

Pascual verhält sich _____.

verdächtig / unverdächtig

Pascual besitzt _____.

kein Amulett / ein Amulett

6. Pascual sagt, dass er das Amulett am Strand
gefunden hat. Was heißt das? Schreibe auf die Linie.

_____

7. Juan sucht einen Beweis für Pascuals Schuld.
Was fragt er ihn? Schreibe in die Sprechblase.
Tipp: Lies noch einmal Seite 41.

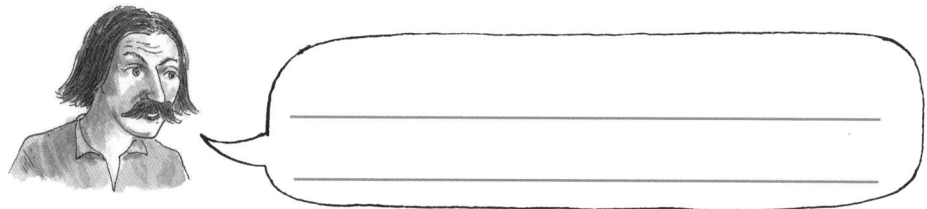

8. Wo war Pascual am Abend des Mordes angeblich? Kreuze an.

❏ Pascual war in seinem Bett.
❏ Pascual war mit anderen Matrosen im Gasthaus.

9. Pedro glaubt Pascual nicht.
Was schlägt Pedro vor?
Und was antwortet Juan?
Vervollständige die Sprechblasen.
Tipp: Lies noch einmal Seite 41.

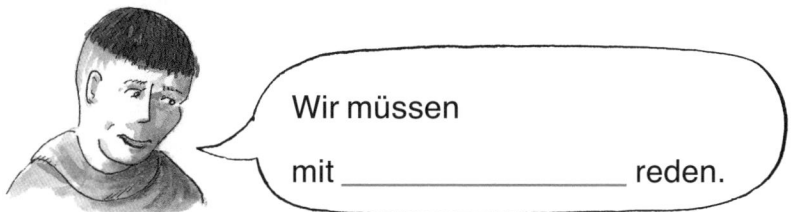

Wir müssen

mit _____ reden.

_____, Pedro. Kolumbus hat im Moment

_____.

Er muss den richtigen _____

_____.

Wir dürfen ihn nicht mit dieser Sache

belästigen, _____

_____.

Kapitel 7

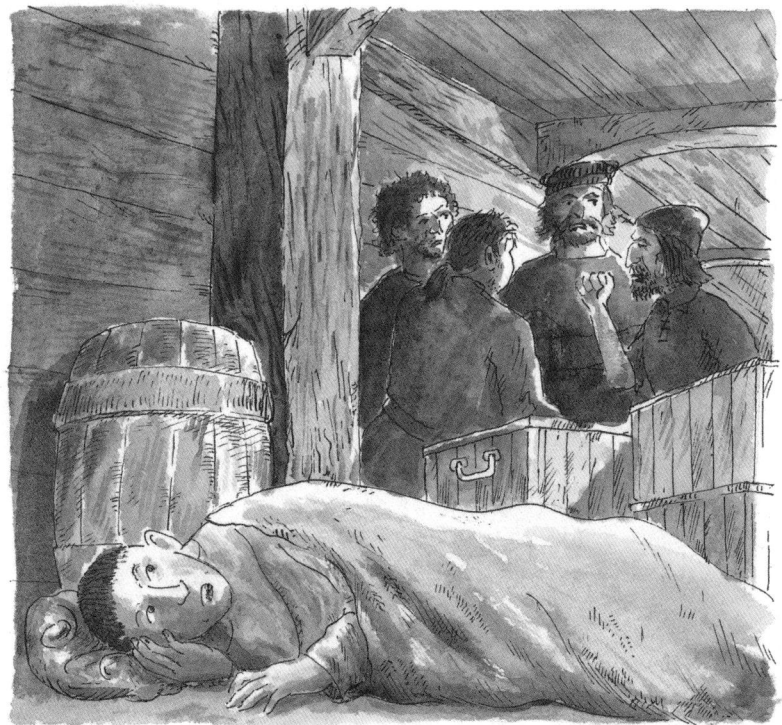

1 Seit vielen Wochen waren wir nun unterwegs. Beinahe
2 täglich wurde die Stimmung an Bord schlechter.
3 Die Befürchtungen der Matrosen, dass wir Indien
4 nie erreichen würden, wurden größer. Würden wir
5 irgendwann an den Rand der Erde kommen,
6 einen Abgrund hinunterstürzen und sterben?
7 Eines Nachts wachten wir vom Ruf einer Wache auf.
8 „Das Meer ist voller Seetang!"
9 Kolumbus ließ den Seetang, der wie Gras aussah und
10 auf dem Meer schwamm, aus dem Wasser fischen.
11 Doch es half nichts, die grüne Decke aus Tang wurde

12 immer dichter und die Schiffe bewegten sich bald kaum
13 noch. Wir warteten den nächsten Tag ab. Nach und nach
14 klärte sich das Wasser und wir konnten schließlich
15 ohne Schwierigkeiten weitersegeln.

16 Ich fühlte mich schon seit Tagen schlapp und
17 schwindelig und blieb unter Deck. Während ich mich
18 unruhig in meiner Koje von einer auf die andere Seite
19 wälzte, hörte ich eine dumpfe Stimme flüstern:
20 „Keine Gefahr. Niemand ahnt etwas. Kolumbus hat noch
21 drei Tage. Wenn er bis dahin kein Land findet …"
22 Ich lauschte gebannt und nach einer Weile hörte ich
23 die Stimme erneut.
24 „Wie viele sind wir?"
25 „Sechs", kam die Antwort.
26 „Wir überraschen Kolumbus und die Mannschaft … Pssst!"
27 Die Matrosen sprachen nicht weiter. Ich wagte nicht,
28 mich zu bewegen. Was hatten sie vor? Planten sie
29 einen Aufstand, eine Meuterei? Wollte eine Gruppe
30 Matrosen Kolumbus gefangen nehmen?
31 Nach einer Weile spähte ich vorsichtig aus meiner Koje.
32 Aber ich konnte niemanden sehen. Ich sammelte
33 all meine Kraft, stand auf und ging, so schnell ich konnte,
34 zu Kolumbus. Ich wollte ihn warnen. Doch der lachte nur,
35 als ich ihm berichtete, was ich gehört hatte.

36 Einige Tage später waren Carlos und ich unter Deck,
37 um in der Küche zu helfen. Auf einmal hörten wir
38 heftigen Lärm.
39 Wir stiegen hinauf an Deck und sahen, wie Kolumbus
40 von einigen Matrosen umringt war. Sie boxten ihn.

41 „Wofür hältst du uns? Für Idioten?", fragte Mathias und
42 stieß Kolumbus direkt vor die Brust. „Wir wollen
43 dieser wahnsinnigen Reise ein Ende machen!
44 Wir werden Indien ja doch nicht erreichen und alle
45 umkommen!", rief er aufgebracht. Dann wandte er sich
46 den anderen Matrosen zu. „Werft ihn ins Meer!"
47 Ein paar Männer packten Kolumbus und wollten ihn
48 wahrhaftig über Bord stoßen.
49 Ein lauter Knall ließ uns alle zusammenfahren.
50 Der Steuermann, ein treuer Freund von Kolumbus, stand
51 mit einer Peitsche da.
52 Wutentbrannt ließen die Männer Kolumbus los, stürzten
53 sich auf den Steuermann und wollten ihm die Peitsche
54 entreißen. Eine wilde Prügelei ging los.
55 Plötzlich hörte man einen Warnschuss.
56 Alle blieben erstarrt stehen.
57 Kolumbus hielt eine rauchende Pistole in der Hand.
58 „Hierher!", kommandierte er.
59 Mehrere Männer stellten sich an seine Seite.
60 „Ich dulde auf dem Schiff des spanischen Königs
61 keinen Aufruhr. Solange ich Kapitän auf der Santa Maria
62 bin, macht jeder, was ich sage."
63 Die Männer gaben auf. Doch es blieb die Angst, dass
64 das Schiff Indien nie erreichen würde und uns Schlimmes
65 bevorstand.
66 Am Nachmittag wurden drei der Meuterer zur Strafe
67 an den Mast gehängt und ausgepeitscht. Einer von ihnen
68 war Mathias. Carlos und ich reinigten hinterher
69 die Wunden auf seinem verletzten Rücken.
70 Das war der furchtbarste Tag, den ich je erlebt hatte.

Fortsetzung folgt

1. Die Stimmung auf dem Schiff wird immer schlechter.
Was befürchten die Matrosen? Zwei Sätze sind richtig.
Streiche die falschen Sätze durch.

Die Matrosen befürchten, dass sie verhungern werden.
Sie befürchten, dass sie Gomera nie erreichen werden.
Die Matrosen befürchten, dass sie Indien nie erreichen
werden.
Die Matrosen befürchten, dass sie an den Rand der Erde
kommen und einen Abgrund hinunterstürzen und sterben.

2. Auf dem Meer schwimmt „Seetang". Was ist das?

a) Lies noch einmal genau auf Seite 46 die Zeilen 8 bis 10.

b) Informiere dich in einem Lexikon über „Seetang".

c) Was hast du über Seetang erfahren?
Vervollständige gemeinsam mit einem Partner
den folgenden Text.

> Algen / drei Hauptgruppen / grün /
> Nahrungsmittel / Gras

Seetang kann braun, rot oder _____ sein.

Seetang besteht aus größeren _____.

Er sieht aus wie _____.

Die _____ sind Braunalgen,

Rotalgen und Grünalgen.

In Japan ist Seetang ein _____.

3. Pedro liegt krank in seiner Koje. Er hört etwas.
Was hört er? Kreuze an.

❑ die Stimme von Kolumbus, während er betet
❑ die Stimmen von Matrosen, die eine Meuterei planen
❑ das Schnarchen des schlafenden Mathias

4. Einige Matrosen planen eine Meuterei.
Was ist Meuterei?
Lies den folgenden Sachtext.

> Meuterei
>
> 1 Meuterei ist ein Wort **aus der Schifffahrt.**
> 2 Matrosen, die meutern, **lehnen sich**
> 3 **gegen den Kapitän auf.** Sie verweigern ihm
> 4 den Gehorsam.
> 5 Meuterei gilt weltweit als **Straftat.**
> 6 Meuterei auf einem Schiff wurde **früher**
> 7 **mit dem Tode bestraft.**

5. Was hast du im Sachtext erfahren?
Beantworte die folgenden Fragen
mit vollständigen Sätzen.
Schreibe die Fragen und die Antworten in dein Heft.

– Was ist „Meuterei" für ein Wort?
– Was tun Matrosen, die meutern?
– Wie wurde Meuterei früher bestraft?

6. Wie nennt man den Vorgesetzten von Matrosen?
Kreuze an.

❏ König ❏ Chef ❏ Boss
❏ Kapitän ❏ Anführer ❏ Direktor

7. Wer ist der Vorgesetzte der Matrosen
auf der Santa Maria?
Kreuze an.

❏ Juan ❏ Mathias ❏ Pedro
❏ Kolumbus ❏ der Steuermann

8. Den Gehorsam zu verweigern bedeutet, Befehle oder
Anordnungen nicht auszuführen.
Wann könnte es richtig oder notwendig sein,
einen Befehl oder eine Anordnung nicht zu befolgen?
Sprecht in der Klasse darüber.

9. Pedro versucht, Kolumbus
vor einer möglichen Meuterei zu warnen.
Wie reagiert Kolumbus?
Streiche die beiden falschen Bilder durch.
Tipp: Lies noch einmal Seite 47.

51

 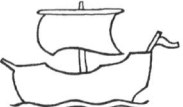   

10. Wie viele Matrosen beteiligen sich an der Meuterei?
Kreuze an.
Tipp: Lies noch einmal Seite 47.

❏ 4   ❏ 8   ❏ 6   ❏ 12

11. Was geschieht bei der Meuterei?
Nicht alle Sätze stimmen. Kreuze jeweils an.

	richtig	falsch
Einige Matrosen boxen Kolumbus.	❏	❏
Einige Matrosen werfen Kolumbus über Bord ins Meer.	❏	❏
Es entsteht eine wilde Prügelei.	❏	❏
Der Steuermann greift ein.	❏	❏
Kolumbus knallt mit einer Peitsche.	❏	❏
Kolumbus lässt mit einer Pistole einen Warnschuss los.	❏	❏
Die Meuterei gelingt.	❏	❏

12. Die Meuterer haben aus Angst
vor der ungewissen Fahrt gehandelt.
Wie hätte Kolumbus verhindern können, dass
die Matrosen überhaupt an eine Meuterei denken?
Sprecht in der Klasse darüber.

Kapitel 8

![Illustration: Szene am Strand mit Kolumbus und Begleitern, Schiffen im Hintergrund und zwei Einheimischen, die hinter einem Baum hervorschauen]

1 „Pedro!" Carlos weckte mich eines Morgens aufgeregt.

2 „Ein Ast! Wir haben einen Ast mit kleinen grünen Blättern

3 aus dem Meer gefischt!"

4 Ich war sofort hellwach. „Dann müssen wir bald Land

5 erreichen", sagte ich und rannte an Deck.

6 War die Erde doch rund, wie Kolumbus behauptete?

7 Hatten wir nach monatelanger Fahrt Indien endlich

8 erreicht? Sosehr ich auch Ausschau hielt, es war nichts

9 außer blauem Meer und blauem Himmel zu sehen.

10 Kolumbus stellte sich zu mir.

11 „Es ist nicht mehr weit", sagte er. „Ich spüre es."

12 Am nächsten Morgen kam dann der Ruf, auf den wir
13 so lange gewartet hatten. „Land in Sicht!"
14 Alle liefen aufgeregt zur Reling. Weit in der Ferne
15 konnten wir am Horizont einen hellen Streifen sehen,
16 der Meer und Himmel trennte.
17 „Das muss eine der Inseln vor Indien sein!", rief Kolumbus.
18 Eine Kanone wurde als Signal für die beiden Schiffe
19 hinter uns abgeschossen.
20 Zuerst konnte ich es nicht glauben, dass das Warten nun
21 ein Ende haben sollte. Dann fiel ich auf die Knie und
22 dankte Gott.
23 Wir segelten weiter und der Streifen am Horizont wurde
24 ganz langsam immer größer. Am nächsten Tag
25 erblickten wir in der Ferne einen Sandstrand und
26 hinter dem Strand Büsche und Bäume. Carlos stand
27 mit mir an der Reling. Mein Herz klopfte vor Aufregung.
28 „Meinst du, dass wir in Indien sind?", fragte ich ihn.
29 „Wer weiß, niemand vor uns ist bisher so weit gesegelt.
30 Sollte das wirklich Indien sein, dann hätten wir die Erde
31 tatsächlich ein weites Stück umsegelt", sagte Carlos.
32 „Und es wäre bewiesen, dass die Erde eine Kugel ist!",
33 fügte ich hinzu.
34 „Vielleicht haben wir uns auch verirrt und sind woanders
35 gelandet", sagte Carlos unsicher.
36 Ungeduldig starrten wir im Abendlicht
37 auf den verlassenen Strand.
38 Bald würden wir wissen, ob vor uns wirklich Indien lag.
39 Vor Aufregung konnte ich in dieser Nacht kaum schlafen.
40 In kleinen Booten fuhren wir am nächsten Morgen
41 ans Ufer. Einige Matrosen, unter ihnen auch Carlos,
42 mussten an Bord des Schiffes bleiben und Wache halten.

43 Gemeinsam mit Kolumbus, den anderen Kapitänen und
44 einigen Matrosen ging ich an Land. Ich küsste die Erde
45 und sprach einen Segensspruch für das Land.
46 Dann stellte ich ein Holzkreuz auf. Kolumbus hielt
47 eine Ansprache und die Matrosen lauschten
48 seinen Worten.
49 „Im Namen des spanischen Königreichs nehme ich
50 diese Insel in Besitz und ernenne alle Bewohner
51 der Insel zu Untertanen und treuen Dienern Spaniens.
52 Die Insel soll nun den Namen San Salvador tragen."
53 Jetzt erst bemerkten wir die dunkelhäutigen Menschen,
54 die sich hinter den Büschen versteckt hielten.
55 Nur ein paar von ihnen traten zögernd hervor.
56 „Sie haben ja gar nichts an!", rief einer der Seeleute
57 verblüfft.
58 „Das sind Eingeborene!", sagte Kolumbus.
59 „Seht den Schmuck aus Gold, den sie tragen."
60 Seine Augen funkelten plötzlich gierig.
61 Auch wir hatten den glitzernden Schmuck
62 der Eingeborenen erblickt.
63 Einige von uns sahen sich wohl schon als reiche Männer
64 nach Spanien zurückkehren.
65 Ich selbst war mehr von dem Gefühl eines Entdeckers
66 erfüllt, dem Entdecker einer runden Erde, die nicht flach
67 war wie eine Scheibe. Eine neue Zeit würde nun
68 anbrechen und ich erlebte sie mit.
69 Wir hielten den Eingeborenen, die wir „Indios" nannten,
70 Glasperlen als Geschenke hin. Neugierig kamen sie
71 näher. Die braune und zum Teil bemalte Haut
72 der Eingeborenen flößte mir und meinen Freunden
73 Furcht ein.

74 Besonders schwer fiel uns, sich an die Nacktheit
75 der Indios zu gewöhnen.
76 Als sie Vertrauen zu uns gefasst hatten, befühlten sie
77 unsere Kleider und Gesichter und betrachteten neugierig
78 unsere Schwerter. Sie schienen solche Waffen noch
79 nicht gesehen zu haben. Unsere wertlosen Glasperlen
80 gefielen ihnen und wir tauschten sie natürlich gern
81 gegen ihren Schmuck aus Gold.
82 Kolumbus versuchte herauszufinden, woher sie das Gold
83 hatten.
84 „Cipangu" [sprich: Tschipangu], riefen die Indios und zeigten
85 in eine Richtung.
86 Ob sie Kolumbus überhaupt verstanden hatten?
87 Mathias und drei andere Matrosen näherten sich
88 den Frauen der Eingeborenen und legten sogar
89 ihre Arme um sie. Die Indios fühlten sich dadurch bedroht
90 und bewaffneten sich mit ungewöhnlichen Speeren.
91 Als die vier Matrosen nicht von den Frauen abließen,
92 begannen die Indios mit einem Kriegsgeschrei.
93 Bevor Schlimmeres passierte, ließ Kolumbus die vier
94 zurück zu den Schiffen bringen.
95 Die Indios legten ihre Speere wieder zu Boden.

96 „Gehört Cipangu zu Indien?", fragte ich Kolumbus,
97 als wir uns auf den Weg zurück zu den Booten machten.
98 „Cipangu ist eine große Insel vor dem indischen Festland",
99 behauptete er. „Es ist also nicht mehr weit."
100 Sein fester Blick überzeugte mich.

Fortsetzung folgt

1. Die Matrosen sehen in die Ferne.
   Himmel und Meer sind wie durch eine dünne Linie
   getrennt.

a) Sieh dir das Bild an.

b) Wie heißt die
   dünne Linie?
   Schreibe das Nomen
   auf die Linie.

| ri | zont | Ho | *der* _____

2. Die Kapitäne, Pedro und einige Matrosen erreichen
   ein fremdes Land. Wer tut was?
   Verbinde so, dass die Aussagen stimmen.

| Pedro | | hält eine Ansprache. |

| Kolumbus | | küsst die Erde und spricht einen Segensspruch für das Land. |

| Pedro | | lauschen den Worten von Kolumbus. |

| Die Matrosen | | stellt ein Holzkreuz auf. |

3. Was genau sagt Kolumbus in seiner Ansprache?
Vervollständige die Sätze.
Tipp: Lies noch einmal Seite 55.

Im Namen des spanischen Königs

nehme ich diese Insel in _____

und ernenne alle _____

dieser Insel zu _____

und treuen _____ Spaniens.

4. Kolumbus verlangt, dass die Bewohner der Insel nun dem spanischen König gehorchen und dienen.
Meint ihr, sie verstehen Kolumbus?
Sprecht in der Klasse darüber.

5. Kolumbus gibt der Insel den Namen „San Salvador".
Diese kleine Insel gehört zu den Bahamas.
Sie heißt auch heute noch so.

a) Suche die Bahamas im Atlas.

b) Kreuze die richtige Antwort an.

❑ Die Bahamas liegen vor der Küste Asiens.
❑ Die Bahamas liegen vor der Küste Nordamerikas.

6. Zur Zeit von Kolumbus kannte man noch nicht alle Kontinente.
Lies den folgenden Sachtext.

> Kontinente zur Zeit von Kolumbus
>
> 1 Bis ins Jahr 1492 kannte man in **Europa** außer
> 2 den eigenen Ländern nur noch Länder in **Asien** und
> 3 **Afrika**. Es waren damals noch nicht alle Kontinente
> 4 entdeckt. Zum Beispiel wusste man noch **nicht,** dass
> 5 es **Nordamerika, Südamerika** und **Australien** gibt.

7. Was hast du im Sachtext erfahren?
Beantworte die folgende Frage.

Welche drei Kontinente kannten die Europäer

im Jahr 1492 noch nicht? _____,

_____ *und* _____

8. Kolumbus wollte von Europa aus um die Erde und
bis nach Indien segeln.
Verfolgt auf einem Globus den Weg mit dem Finger.
Was stellt ihr fest? Sprecht in der Klasse darüber.

9. Kolumbus meinte, er habe den Weg nach Indien
entdeckt. Was hat er tatsächlich entdeckt?
Vervollständige den Satz.

Kolumbus hat _____ entdeckt.

Amerika / Australien

10. Die Spanier und die Eingeborenen sind sich fremd.
Was ist wem fremd? Ordne die Wortgruppen zu.
Schreibe sie jeweils unter die richtige Überschrift.

– die Sprache der Spanier / die Sprache der Eingeborenen
– die Nacktheit / die Kleidung
– die dunkle Hautfarbe / die helle Hautfarbe
– der viele Goldschmuck / die Glasperlen
– die ungewöhnlichen Speere / die Schwerter

Das ist den Spaniern fremd:

– die Sprache der Eingeborenen

–

–

–

–

Das ist den Eingeborenen fremd:

– die Sprache der Spanier

–

–

–

–

11. Kolumbus' Augen funkeln gierig.
Was sieht er in diesem Moment? Kreuze an.

❑ Geld   ❑ den Goldschmuck der Eingeborenen

Kapitel 9

1 Wir verbrachten die Nacht an Bord. Kolumbus ließ mich
2 auf jedem Schiff einen Gottesdienst halten.
3 Am nächsten Tag ruderten wir erneut an Land, füllten
4 unsere Flaschen mit frischem Wasser und packten
5 so viel Obst wie möglich in unsere Taschen.
6 Dann schickte Kolumbus eine Gruppe Matrosen
7 ins Innere der Insel.

8 „Wonach habt ihr gesucht?", fragte ich Carlos und Juan,
9 als sie mit den anderen Matrosen zurückkamen.
10 „Nach Gold", sagte Juan.
11 „Habt ihr etwas gefunden?", fragte Kolumbus barsch.
12 Er stand plötzlich hinter mir.
13 „Kein Gold, nur Indios in einfachen Hütten", antwortete
14 Carlos.

15 „Kein Gold?" Kolumbus klang enttäuscht.

16 Seine Gier nach Gold war größer, als ich jemals geglaubt

17 hätte. Ging es ihm in Wahrheit nur um den Reichtum,

18 den er auf dieser Reise erlangen wollte?

19 Wir fuhren auf der Suche nach Gold von Insel zu Insel.

20 Ich kann nicht mehr zählen, auf wie vielen kleinen Inseln

21 wir die Indios vergeblich nach Gold gefragt haben.

22 Kolumbus war ungeduldig und unzufrieden.

23 An einem Tag kehrte er jedoch zuversichtlich an Bord

24 zurück. „Nun kennen wir den Weg, Pedro!", rief er mir

25 fröhlich zu. „Colba heißt der Ort, wo es Gold geben soll."

26 „Wo liegt Colba?", fragte ich ihn, denn ich hatte

27 diesen Namen nie zuvor gehört.

28 „Colba liegt in China, also direkt neben Indien", sagte er

29 mit fester Stimme.

30 Nach einigen Tagen landeten wir an einem Strand,

31 und Kolumbus versicherte uns, dass wir nun Colba

32 erreicht hätten. Er stellte eine kleine Gruppe Matrosen

33 zusammen. Sie wurde von Mathias angeführt.

34 Ich gehörte auch dazu.

35 „Was ist eure Aufgabe?", fragte mich Carlos.

36 „Wir sollen dem Herrscher von China einen Brief

37 überbringen und uns dabei unauffällig nach Gold

38 umsehen", berichtete ich und senkte den Kopf. „Aber mir

39 ist seit gestern schon schlecht und ich fühle mich wieder

40 schwach. Soll ich überhaupt mit den anderen gehen?"

41 Seit einigen Tagen litt ich unter plötzlichem Schwindel.

42 Ich kannte dieses Unwohlsein seit einem schweren Sturz

43 in früher Kindheit. Nie war es jedoch so stark gewesen

44 wie an diesem Tag. Aber Carlos sprach mir Mut zu und

45 deshalb brach ich mit den anderen einige Stunden später

46 auf. Unser Weg war steinig und nirgendwo entdeckten

47 wir auch nur eine Hütte oder einen Menschen.

48 Schon bald war ich erschöpft. Die Kraftlosigkeit und

49 der Schwindel ließen mich nicht los. Das alles war

50 zu anstrengend für mich.

51 „Ich kann nicht mehr weitergehen", klagte ich

52 am dritten Tag. „Holt mich hier ab, wenn ihr wieder

53 zurückkommt."

54 Mathias zögerte, aber dann nickte er mir zu und sagte:

55 „Wir sind bald wieder da. Ich habe Kolumbus

56 versprochen, dich gesund zurückzubringen."

57 Ich war froh, mich endlich ausruhen zu dürfen, und legte

58 mich unter einen Baum. Ich schlief sofort ein.

59 Ein lautes Geräusch weckte mich.

60 Leuchtende Augen starrten mich an und etwas schlug

61 gegen meinen Oberschenkel. Ich schrie auf. Dann

62 erkannte ich, dass meine eigene Hand gegen das Bein

63 schlug. Offenbar hatte ich hohes Fieber.

64 Als ich aufwachte, blickte ich wieder

65 in die leuchtenden Augen. Ich versuchte zu fliehen,

66 doch ich stolperte schon nach wenigen Schritten.

67 Geräusche und murmelnde Stimmen drangen

68 aus den Büschen zu mir.

69 Ich fiel in Ohnmacht.

70 Als ich wieder zu mir kam, standen vier Dunkelhäutige

71 mit bemalten Gesichtern vor mir. Im Hintergrund hörte

72 ich Trommeln und Gesang. Jemand flößte mir

73 eine übel riechende Flüssigkeit ein, die grässlich

74 schmeckte. Wieder wurde ich ohnmächtig.

Fortsetzung folgt

1. Kolumbus und seine Mannschaft rudern am nächsten Tag wieder zur Insel. Was tun sie diesmal auf der Insel? Unterstreiche die richtigen Sätze farbig.

Die Seemänner füllen ihre Flaschen mit Wasser.
Die Seemänner nehmen ein Sonnenbad.

Sie packen so viel Obst wie möglich in ihre Taschen.
Sie packen so viel Gold wie möglich in ihre Taschen.

Eine Gruppe Matrosen soll sich nach Hütten umsehen.
Eine Gruppe Matrosen soll sich nach Gold umsehen.

2. Kolumbus will unbedingt Gold finden. Er hat aber kein Glück. Wie ist Kolumbus? Kreise die passenden Adjektive ein.

unzufrieden

ungeduldig

geduldig

glücklich

3. Kolumbus findet heraus, wo es Gold geben soll. Wo soll es Gold geben? Ergänze die Sätze. Tipp: Lies noch einmal Seite 62.

In _C_____ soll es Gold geben. Dieser Ort soll

in _Ch_____, also neben Indien, liegen.

4. Pedro macht sich mit einer Gruppe Matrosen auf den Weg nach Colba. Was geschieht unterwegs? Vervollständige die Sätze.

Pedro ist schon bald _____ .

erschöpft / am Ziel

Er bleibt _____ zurück.

allein / mit Mathias

Er legt sich unter _____ schlafen.

eine Brücke / einen Baum

Plötzlich wird er von einem lauten _____

Schrei / Geräusch

geweckt. Pedro sieht im Fieberwahn

leuchtende _____ .

Sterne / Augen

Vergeblich versucht er zu _____ .

fliehen / lachen

Pedro fällt in _____ .

einen Teich / Ohnmacht

Als er erwacht, hört er _____ und Gesang.

Trompeten / Trommeln

Jemand flößt ihm eine _____ riechende Flüssigkeit ein.

übel / gut

Pedro fällt _____ in Ohnmacht.

zum ersten Mal / wieder

5. Pedro sieht im Fieberwahn leuchtende Augen. Wer oder was könnte ihn angeschaut haben? Stellt in der Klasse Vermutungen an.

Kapitel 10

1 „Pedro, wach auf!", hörte ich wie aus weiter Ferne.

2 Als ich die Augen aufschlug, knieten Kolumbus,

3 der Schiffsarzt Juan und mein Freund Carlos neben mir.

4 Ich wollte etwas sagen, aber meine Lippen gehorchten

5 mir nicht.

6 „Er ist wach", sagte Carlos. „Warum sagt er nichts?"

7 Juan untersuchte mich.

8 „Er ist noch sehr schwach", sagte er.

9 Dann halfen sie mir beim Aufstehen und stützten mich.

10 „Hast du mit jemandem gekämpft, Pedro?", fragte
11 Kolumbus.
12 „Ich weiß es nicht", murmelte ich.
13 Kolumbus ordnete an, dass ich auf die Santa Maria
14 gebracht werde. Nur langsam erholte ich mich,
15 ohne mich allerdings daran erinnern zu können,
16 was genau in den vergangenen vier Tagen geschehen
17 war. Ob die Eingeborenen versucht hatten, mir zu helfen?

18 Zwei Tage später kamen Mathias und die anderen zurück
19 zum Schiff. Noch schwach auf den Beinen, stand ich
20 an Deck, um sie willkommen zu heißen.
21 „Ein Glück, du lebst!", rief Mathias.
22 „Erzähl, was habt ihr zu berichten?", fragte Kolumbus
23 aufgeregt.
24 „Zuerst haben wir keine Menschenseele gesehen.
25 Dann stießen wir auf ein Dorf mit vielen Indios.
26 Wir wurden stürmisch empfangen. Sie küssten begeistert
27 unsere Hände und Füße."
28 Kolumbus unterbrach ungeduldig.
29 „Habt ihr den Herrscher von China gesehen?"
30 „Wir wurden von einem Häuptling empfangen, aber es
31 war nicht der Herrscher von China."
32 „Und was ist mit dem Gold?", fragte Kolumbus.
33 „Lediglich etwas Schmuck haben wir gesehen.
34 Nicht der Rede wert."
35 Kolumbus war bitter enttäuscht und verließ uns wortlos.
36 Mathias freute sich, dass er wieder bei uns war.

37 In der nächsten Zeit segelten wir weiter auf der Suche
38 nach Gold, erreichten aber weder China noch Indien.

39 Die Stimmung auf dem Schiff wurde immer gereizter.

40 Einige Seeleute sprachen jetzt häufiger davon,

41 nicht länger an Bord bleiben zu wollen.

42 „Wo ist das verdammte Beiboot?", schrie Kolumbus

43 eines Tages über das Deck. Er hatte den Verdacht, dass

44 einige aus der Mannschaft mit einem der kleinen Boote

45 geflohen waren.

46 „Ich habe Tinto vorhin im Boot gesehen", sagte Mathias.

47 „Tinto?" Kolumbus hielt inne. „Wenn dieser elende Kerl

48 sich mit dem Boot abgesetzt hat, dann …"

49 Tinto war unser erfahrenster Seemann. Wenn er uns

50 im Stich gelassen hätte, wäre eine Meuterei nicht mehr

51 aufzuhalten gewesen.

52 „Wo ist er hin?", schrie Kolumbus laut.

53 Wie ein wütendes Tier lief er auf dem Deck herum.

54 Plötzlich kam Tinto seelenruhig aus dem Unterdeck

55 hervor und lachte Kolumbus frech ins Gesicht.

56 Er hatte nur testen wollen, wie wichtig er Kolumbus war.

57 Dieser aber wollte ihn in seiner blinden Wut sofort

58 auspeitschen lassen.

59 Wieder war es Mathias, der sich den Anordnungen

60 von Kolumbus widersetzte. Er sprang dem Seemann,

61 der die Peitsche ergriff, an die Kehle und prügelte sich

62 mit ihm. Auf einmal musste ich an das tote Mädchen

63 auf Gomera denken. Mathias hatte schwarze Haare und

64 war sehr kräftig. Aber Mathias trug kein Amulett.

65 Das wäre mir aufgefallen. Nur schwer ließen sich

66 die Gedanken an den Mörder verdrängen, der immer

67 noch frei herumlief.

68 Die Stimmung der Mannschaft wurde am nächsten Tag

69 durch düsteres Wetter noch schlechter.

70 Es regnete heftig. Zum Schutz vor der Nässe bauten wir

71 uns am Strand einer Insel Hütten aus Palmblättern und

72 Ästen. Nur am Abend verließ ich meine Hütte, um

73 an einem Gebüsch Wasser zu lassen. Plötzlich bewegte

74 sich etwas hinter mir. Ich erkannte Pascual.

75 War er mir gefolgt? Wollte er mir jetzt doch noch

76 heimzahlen, dass ich vor vielen Wochen

77 in seinen Sachen nach dem Amulett gewühlt hatte?

78 Angstschweiß trat mir auf die Stirn und meine Kehle

79 wurde trocken. Hier draußen im Dunkeln war ich ihm

80 ausgeliefert. Aber er ging wortlos an mir vorüber.

81 Vielleicht machte er einen Abendspaziergang und

82 meine Angst war völlig unbegründet.

83 Wieder einmal dachte ich an die tote junge Frau.

84 Ob ich doch noch herausfinden würde, wer sie

85 ermordet hatte?

Fortsetzung folgt

1. Pedro wird sehr geschwächt aufgefunden.
Wer kümmert sich um ihn?
Schreibe die Namen der Männer in die Kästchen.

| | o | | | | |

| | u | |

| C | | | | |

2. Wie geht es Pedro?

a) Streiche die falschen Sätze durch.

Pedro ist sehr schwach und kann im ersten Moment nicht
einmal sprechen.
Pedro ist fröhlich und erzählt sogleich, was ihm
die letzten Tage alles passiert ist.
Er springt ohne Hilfe auf und isst erst einmal etwas.
Er benötigt beim Aufstehen Hilfe und muss gestützt
werden.
Er kann sich nicht genau erinnern, was
in den vergangenen vier Tagen geschehen ist.
Pedro fühlt sich bereits am nächsten Tag wieder kräftig
und gesund.
Pedro erholt sich nur langsam.

b) Schreibe die richtigen Sätze der Reihe nach
in dein Heft.

3. Mathias erzählt, wie er und die anderen Matrosen
   von den Eingeborenen empfangen wurden.
   Wie war der Empfang?
   Beschreibt mit eigenen Worten.

4. **Spielt den Empfang nach.**
   Tipp: Lest noch einmal Seite 67.

a) **Bildet dazu zwei Gruppen:**
   Vier Schüler spielen die Matrosen.
   Die restlichen Schüler spielen die Eingeborenen.

b) **Beginnt das Spiel so:**

   Die Matrosen sind auf der Suche nach Gold.
   Plötzlich entdecken sie ein Dorf.
   Die Eingeborenen empfangen die Matrosen …

5. **Sprecht in der Klasse über diese Fragen:**
   – **Wie haben sich die Matrosen wohl gefühlt?**
   – **Wie haben sich die Eingeborenen gefühlt?**
   – **Warum könnten die Eingeborenen**
     den fremden Menschen die Hände und die Füße
     geküsst haben?

**6. Einige Matrosen möchten nicht länger an Bord der Schiffe bleiben.
Was könnte die Matrosen ärgern?**

a) Lies die Antwort am Faden.

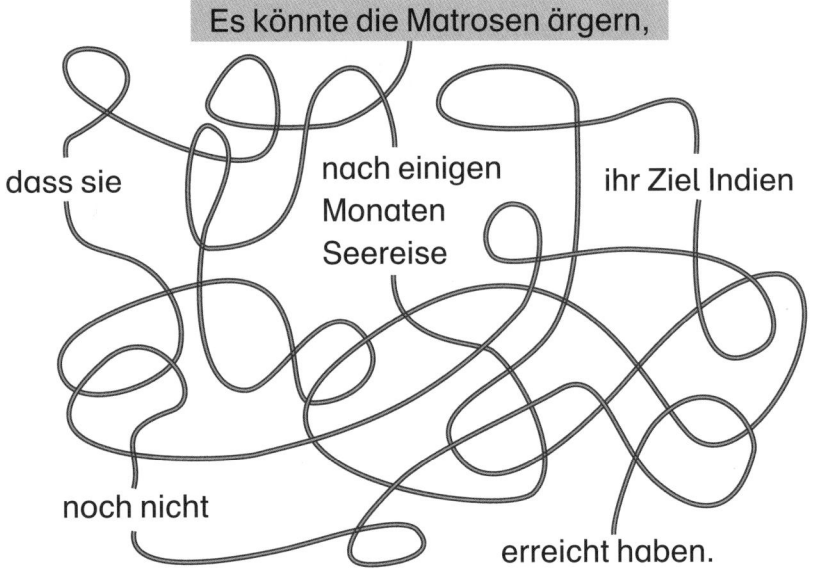

Es könnte die Matrosen ärgern,

dass sie

nach einigen Monaten Seereise

ihr Ziel Indien

noch nicht

erreicht haben.

b) Schreibe die Antwort auf die Linien.

Es könnte die Matrosen ärgern, dass _____

_____

_____ .

7. Tinto, ein erfahrener Matrose, versteckt sich auf dem Schiff. Warum tut er das? Kreuze an.

❑ Tinto will mit Kolumbus Versteck spielen.
❑ Tinto will herausfinden, wie wichtig er Kolumbus ist.

8. Pedro fragt sich, ob Mathias etwas mit dem Mord
auf Gomera zu tun hat.
Warum verdächtigt er Mathias?
Beantworte die Frage.
Schreibe Stichworte auf die Linien.
Tipp: Lies noch einmal Seite 68.

_____

_____

_____

9. Die Matrosen bauen sich zum Schutz gegen Regen
einfache Hütten.
Woraus bauen sie die Hütten?
Unterstreiche die beiden richtigen Antworten farbig.

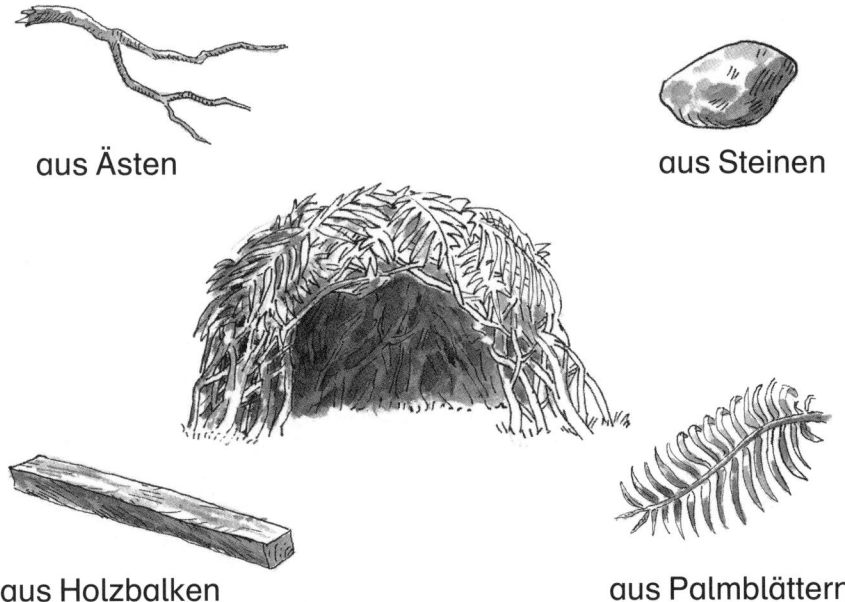

aus Ästen   aus Steinen

aus Holzbalken   aus Palmblättern

Kapitel 11

1 Am nächsten Abend saßen wir alle vor einer Hütte
2 der Indios um ein Feuer. Der Stammeshäuptling
3 schenkte Kolumbus eine dunkle Flüssigkeit ein.
4 Kolumbus trank, leckte sich schmatzend die Lippen und
5 reichte die Schale weiter.
6 Auf dem Feuer kochte eine junge Frau das Fleisch
7 einer Eidechse. Ich bemerkte, wie Mathias den Blick
8 nicht von der Frau wenden konnte. In seinem Blick lag

9 eine Gier, die nichts Gutes verhieß.

10 „Achte auf Mathias", raunte Kolumbus mir zu. „Er kann

11 sich nicht beherrschen."

12 Voller dunkler Ahnungen beobachtete ich, dass Mathias

13 die Frau keinen Moment aus den Augen ließ.

14 Dennoch verlief der Abend ohne Zwischenfälle.

15 Mitten in der Nacht weckte mich Juan.

16 „Komm mit", flüsterte er leise.

17 Ich wusste sofort, dass etwas Schlimmes geschehen

18 sein musste. Das Blut begann in meinem Kopf

19 zu rauschen. Ich hatte Angst.

20 Gemeinsam mit Carlos liefen wir in die Nähe des Dorfes.

21 In der Dunkelheit konnte man kaum die eigene Hand

22 sehen.

23 „Ich habe einen Schrei gehört", sagte Juan.

24 Wir lauschten angestrengt.

25 Jetzt hörten wir Geräusche von einem Kampf.

26 „Dorthin!", rief Juan.

27 Wir liefen über eine Düne und erstarrten

28 vor dem grauenhaften Bild, das sich uns bot:

29 Vor unseren Füßen lag die junge Frau, die für uns

30 gekocht hatte. Sie war voller Blut.

31 „Wie bei der Frau auf Gomera!", schoss es mir

32 durch den Kopf.

33 Juan hockte sich nieder und untersuchte den Körper

34 der jungen Frau.

35 „Sie ist tot", sagte er mit rauer Stimme.

36 Ich fühlte mich zugleich hilflos und wütend.

37 „Seht her", rief Carlos plötzlich, „da liegt das Amulett

38 von Pascual! Ich erkenne es wieder."

39 „Er muss es also doch gewesen sein!", rief ich aus.

40 Endlich hatten wir den Schuldigen.

41 „Nicht so vorschnell", warf Juan ein. „Die junge Frau

42 muss ihren Mörder verletzt haben, bevor er ihr den Hals

43 durchgeschnitten hat."

44 Zwischen Fußspuren, die sich entfernten, sah man

45 im Licht der Sterne große Blutflecken.

46 Ohne Zeit zu verlieren und dennoch so vorsichtig

47 wie möglich folgten wir den Spuren.

48 Während der Suche überschlugen sich meine Gedanken.

49 Warum hatten wir Pascual nicht aufgehalten?

50 Warum hatten wir nicht mit Kolumbus gesprochen?

51 Wir hätten das Mädchen vielleicht retten können!

52 „Die Spur verliert sich", flüsterte Juan. „Der Mörder muss

53 hier in der Nähe sein."

54 Wir blieben stehen und lauschten

55 nach verräterischen Geräuschen.

56 Der Wind ließ die Gräser rascheln und

57 vom Meer hörten wir die Brandung.

58 Plötzlich löste sich ein Schatten aus der Dunkelheit.

59 „Pascual?", rief ich. „Bleib stehen, du Mörder!"

60 Die Gestalt verschwand. Wir teilten uns auf und suchten

61 getrennt weiter. Hinter jedem Busch erwartete ich

62 Pascuals blutige Hand.

63 „Hier ist der Kerl!", schrie Juan auf einmal.

64 Ich rannte, so schnell ich konnte, in die Richtung,

65 aus der die Stimme gekommen war.

66 In einer Talsenke sah ich neben Juan und Carlos

67 einen Mann zusammengekrümmt auf dem Boden liegen.

68 Er war schwer verletzt. Aber der Mann war nicht Pascual!

69 Mathias lag dort.

70 „Ich war es", sagte er mühevoll. „Sie hat sich gewehrt

71 und mich verletzt. Da habe ich sie getötet.

72 Wie das Mädchen auf Gomera. Beide habe ich getötet."

73 Entsetzt starrte ich Mathias an.

74 „Warum hast du das getan?", fragte ich fassungslos.

75 Mathias' Stimme war jetzt kaum noch zu verstehen.

76 „Ich ..." Er wurde schwächer und schwächer.

77 Schließlich hielt ich das Kreuz über ihn und betete

78 für ihn. Er lag im Sterben.

79 Noch immer fassungslos gingen wir später zum Schiff

80 zurück.

81 „Pascual hatte überhaupt nichts mit dem Mord

82 auf Gomera zu tun", sagte ich leise. „Ohne Grund habe

83 ich einen Unschuldigen verdächtigt!"

84 „Als Mathias auf Gomera klar wurde, dass man

85 das Amulett suchen würde", überlegte Juan, „hat er es

86 bestimmt am Strand weggeworfen."

87 „Und Pascual hat es dann gefunden", ergänzte ich

88 bestürzt. „Mathias muss es sich später dann

89 wiedergeholt haben. Die ganze Zeit habe ich

90 den Falschen verdächtigt!"

Fortsetzung folgt

1. In diesem Kapitel geschieht ein weiterer Mord.

a) Was ist geschehen?
Ergänze die fehlenden Buchstaben.

Am Abend bemerkt Pedro, dass ▮athias eine junge Frau
beobachtet. Später in der N▮cht weckt Juan Pedro.
Gemeinsam finden sie eine ▮ote junge Frau.
Die junge Frau ▮at den Mörder verletzt, bevor sie starb.
Juan spürt den Mörder h▮nter einer Düne auf.
Pedro ist f▮ssungslos. Er hatte den falschen Matro▮en
verdächtigt.

b) Wer hat die beiden Morde begangen?
Lies die Buchstaben, die du in a) ergänzt hast.
Lies sie von oben nach unten.
Sie ergeben den Namen des Mörders.

c) Schreibe den Namen des Mörders in die Kästchen.

▯▯▯▯▯▯ hat die beiden Morde begangen.

2. Die Frau hat sich gegen
Mathias' Annäherungsversuche gewehrt.
Deshalb hat Mathias sie ermordet.
Wie ist diese Tat?
Sammelt passende Adjektive an der Tafel.
Tipp: Die Wortanfänge im Kasten helfen euch.

> graus... / kaltblü... / brut... / ro... / arglis... / bösar...

3. Welche Möglichkeiten haben Frauen und Mädchen
   heutzutage, um sich gegen Übergriffe von Männern
   zu schützen? Sprecht in der Klasse darüber.

4. Die Eingeborenen kochen das Fleisch einer Eidechse.
   Lies den folgenden Sachtext.

> Die Eidechse
>
> 1 Die Eidechse ist **ein Reptil.**
> 2 Sie hat eine **trockene, schuppige Haut.**
> 3 Ihr Körper ist **schlank.** Die Gliedmaßen
> 4 einer Eidechse haben an den Enden **fünf Zehen.**
> 5 Die Eidechse hat einen **Schwanz.** Er kann
> 6 **abgeworfen** werden, wenn ein Feind ihn festhält.
> 7 Der Schwanz **wächst** dann wieder **nach.**
> 8 In einigen Ländern werden Eidechsen und andere
> 9 Reptilien **gegessen.**

5. Was hast du im Sachtext erfahren?
   Beantworte die folgenden Fragen.
   Schreibe die Fragen und die Antworten in dein Heft.

   — Was ist die Eidechse?
   — Wie viele Zehen haben die Gliedmaßen
     einer Eidechse?
   — Was macht eine Eidechse, wenn ein Feind
     ihren Schwanz festhält?

6. **Hier siehst du eine Eidechse.**
   Der Zeichner ist leider nicht ganz fertig geworden.
   Was fehlt? Male die Eidechse zu Ende.
   Tipp 1: Lies noch einmal den Sachtext auf Seite 80.
   Tipp 2: Du kannst die Eidechse auch grün ausmalen.

Kapitel 12

1 Wir waren nun schon einige Monate lang in der Fremde
2 unterwegs. Bald würden wir weit entfernt von zu Hause
3 das Weihnachtsfest feiern. Ich bekam großes Heimweh.
4 Einige Nächte konnte ich kaum schlafen. Immer wieder
5 musste ich an die toten Frauen und an Mathias denken.
6 In den frühen Morgenstunden des Weihnachtsfestes
7 hatte ich einen schlimmen Anfall. Durch meine
8 wilden Zuckungen und unkontrollierten Bewegungen

⁹ weckte ich Carlos, der seinen Schlafplatz neben mir
¹⁰ hatte.
¹¹ „Was ist mit dir?", fragte Carlos voller Schreck.
¹² „Hol Juan", presste ich hervor.
¹³ Später war meine linke Körperhälfte wie gelähmt und
¹⁴ ich war ans Bett gefesselt, während die anderen
¹⁵ Weihnachten feierten. Carlos und Juan brachten mir
¹⁶ etwas vom Weihnachtsessen an mein Bett.

17 Carlos war aufgeregt.

18 „Der Steuermann lässt mich gleich ans Ruder",

19 erzählte er.

20 „Hatte Kolumbus ihm nicht verboten, jemand anderem

21 das Ruder zu geben?", fragte ich.

22 „Schon, aber es ist doch Weihnachten und

23 der Steuermann möchte auch ein bisschen feiern."

24 Carlos und Juan gingen zurück an Deck.

25 Ich lag wach und hörte die Matrosen Weihnachtslieder

26 singen. Plötzlich bekam ich ein ungutes Gefühl,

27 ein Gefühl wie vor einem großen Unglück.

28 Im nächsten Moment hörte ich laute Schreie.

29 „Wir sind auf Grund gelaufen! Wasser dringt ein!"

30 Vom Bett aus versuchte ich zu verfolgen, was das

31 zu bedeuten hatte. Nach kurzer Zeit wurde ich mit Hilfe

32 von Carlos in ein Rettungsboot getragen.

33 Die gesamte Besatzung sprang in die Boote.

34 Carlos setzte sich, in Tränen aufgelöst, zu mir.

35 „Was ist geschehen?", fragte ich ihn.

36 „Ich habe das Schiff vor der Insel auf Grund laufen

37 lassen! Jetzt sitzt es auf einem Felsen fest."

38 „Beruhige dich und erzähle der Reihe nach."

39 Carlos atmete schnell. „Als ich am Ruder stand,

40 wurde es immer ruhiger. Ich hatte viel gegessen und

41 muss kurz eingeschlafen sein. Das Schiff ist

42 auf einen Felsen im Meer gefahren! Von dem Ruck

43 bin ich aufgewacht und habe laut geschrien."

44 „Kam dir denn niemand zu Hilfe?", fragte ich.

45 „Kolumbus stürzte an Deck und rief Befehle.

46 Aber das Schiff füllte sich schon mit Wasser."

47 „Hat Kolumbus dich bestraft?"

48 „Im Gegenteil. Er meinte, der Steuermann hätte mir
49 das Ruder nicht überlassen dürfen, und versetzte ihm
50 eine heftige Ohrfeige. Pedro, was soll ich bloß tun?
51 Wegen mir können wir vielleicht nie mehr nach Spanien
52 zurück!"
53 „Es wird alles gut werden", versuchte ich Carlos
54 zu beruhigen.
55 Im Morgengrauen kamen uns Indios zu Hilfe und
56 brachten die restliche Ladung aus dem kaputten Schiff
57 an den Strand.
58 „Vielleicht war es Gottes Wille, dass wir hier gestrandet
59 sind", sagte Kolumbus. „Wir werden aus dem Holz
60 der Santa Maria eine Festung auf der Insel bauen.
61 Wenn sie fertig ist, wird eine Schiffsmannschaft, also
62 36 Matrosen, hier bleiben. Die anderen dürfen
63 auf den beiden anderen Schiffen die Heimreise antreten.
64 Für mehr Matrosen ist auf zwei Schiffen kein Platz."

65 Es dauerte über einen Monat, bis die Festung fertig war.
66 Carlos freute sich. „Bald sind wir wieder in Spanien!
67 Ein Glück, dass wir nicht hierbleiben müssen.
68 Vielleicht werden wir berühmt, weil unsere Reise
69 bewiesen hat, dass die Erde rund ist."
70 „Was wohl die Kirchenväter dazu sagen werden?",
71 überlegte ich.
72 Bevor wir auf das offene Meer hinaussegelten, gingen
73 wir noch einmal an Land. Wir verabschiedeten
74 unsere Kameraden, die auf der Insel blieben.
75 Wie immer kamen uns auch diesmal die Indios freundlich
76 entgegen. Carlos hielt Glasperlen als Geschenk bereit,
77 doch Kolumbus stieß ihn ungestüm zur Seite.

78 „Feuer frei!", rief er.

79 Im nächsten Moment schossen zwei Matrosen

80 mit ihren Musketen auf die unbewaffneten Indios.

81 Zwei Indios wurden schwer verletzt. Drei ließ Kolumbus

82 gefangen nehmen. Die anderen rannten weg.

83 „Wie kann man so etwas tun?", schrie ich Kolumbus an.

84 „Der König und die Königin sollen erfahren, wie

85 die neuen spanischen Untertanen aussehen. Die Indios

86 werden sicher gute Arbeitskräfte sein", antwortete

87 Kolumbus und grinste.

88 Entsetzt wandte ich mich ab.

89 Wie sehr hatte ich mich in Kolumbus getäuscht!

90 „Nicht Entdeckergeist hat ihn nach Indien getrieben,

91 sondern die Gier nach Gold und Ruhm", dachte ich.

92 Es sind viele Monate vergangen, seit ich

93 meinen Reisebericht begonnen habe, und wir sind noch

94 immer nicht in die Heimat zurückgekehrt. Dennoch

95 schreibe ich nun die letzten Zeilen auf dieses Pergament.

96 Heute, zehn Tage nach unserem Aufbruch

97 von den Inseln, zog ein starker Sturm auf. Unsere Masten

98 sind gebrochen, die Segel sind zerstört und wir treiben

99 hilflos auf dem Meer. Christoph Kolumbus hat mir

100 aufgetragen, das Pergament mit meinem Bericht

101 in ein Fass zu legen und dem Meer zu übergeben.

102 Der Finder möge den Bericht dem Kloster bei Palos oder

103 dem spanischen Königshaus übergeben. So können

104 unsere Erlebnisse bekannt werden, auch wenn wir nicht

105 in die Heimat zurückkehren.

Fortsetzung folgt

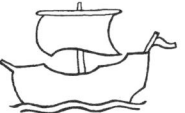

1. Es ist Weihnachten und Pedro ist in der Fremde.
Er ist traurig. Was hat er genau?
Vervollständige den Satz.

Pedro hat _____ .

Fernweh / Zahnweh / Heimweh

2. Pedro hat in der Weihnachtsnacht einen Anfall.
Was ist ein Anfall?
Lies den folgenden Sachtext.

> Mögliche Auslöser für einen Anfall
>
> 1 Ein Anfall mit Zuckungen und unkontrollierten
> 2 Bewegungen kann durch verschiedene **Krankheiten**
> 3 ausgelöst werden. Wenn **Störungen im Gehirn**
> 4 der Auslöser sind, nennt man die Anfälle
> 5 **„epileptische Anfälle"**. Sie können
> 6 mehrere Minuten andauern. Bis heute gibt es
> 7 für solche Anfälle keine vollständige Heilung.

3. Was hast du im Sachtext erfahren?
Ergänze die fehlenden Buchstaben.

Ein Anfall kann durch Kr ▮▮▮▮▮▮ ten oder

durch Störungen im G ▮▮▮▮▮ ausgelöst werden.

4. Worunter leidet Pedro? Ergänze die Nomen.

Pedro leidet unter wilden *Zuck*_____ und

unkontrollierten *Bew*_____ .

5. Was stellt Pedro nach dem Anfall fest?
Vervollständige den Satz.

Nach dem Anfall ist seine linke Körperhälfte
wie _____.
verbrannt / gelähmt

6. Was passiert während der Weihnachtsfeier?
Nicht alle Sätze sind richtig. Welche sind richtig?
Welche sind falsch? Kreuze an.

	richtig	falsch
Die Matrosen singen Weihnachtslieder.	❏	❏
Carlos und Juan bringen Pedro etwas vom Weihnachtsessen.	❏	❏
Pedro übernimmt das Ruder.	❏	❏
Der Steuermann lässt Carlos ans Ruder.	❏	❏
Kolumbus schläft am Ruder ein.	❏	❏
Carlos schläft am Ruder ein.	❏	❏
Das Schiff läuft auf Grund.	❏	❏

7. Schreibe die richtigen Sätze aus Aufgabe 6
in dein Heft.
Du kannst auch eine passende Überschrift
über die Sätze schreiben.

8. Wasser läuft in die Santa Maria. Was bedeutet das?
Sprecht in der Klasse darüber.

9. Die Santa Maria kann nicht mehr fahren.
Was beschließt Kolumbus zu tun?
Kreuze die richtigen Antworten an.

❑ Alle Matrosen fahren nach Spanien zurück.

❑ Eine Schiffsmannschaft, also 36 Matrosen,
bleibt auf der Insel zurück.

❑ Aus dem Holz der Santa Maria wird eine Festung
auf der Insel gebaut.

10. Pedro und Carlos gehen vor Abfahrt der Schiffe noch
einmal an Land. Eingeborene kommen ihnen
entgegen. Wie sind die Eingeborenen?
Kreise das richtige Adjektiv ein.

unfreundlich   gleichgültig

aggressiv   freundlich

11. Plötzlich geschieht etwas Furchtbares.
Was geschieht der Reihe nach?
Nummeriere die Sätze in der richtigen Reihenfolge.

☐ Dann schießen zwei Matrosen mit ihren Musketen
auf die unbewaffneten Eingeborenen.

☐ Zwei Eingeborene werden schwer verletzt.
Drei lässt Kolumbus gefangen nehmen.
Die anderen rennen weg.

☐ Kolumbus stößt Carlos zur Seite und ruft:
„Feuer frei!"

12. Kolumbus lässt auf die Eingeborenen schießen und
nimmt drei von ihnen gefangen.
Welchen Grund nennt Kolumbus für die grausame Tat?
Vervollständige die Sprechblase.
Tipp: Lies noch einmal Seite 86.

Der K_____ und die K_____ sollen

erfahren, wie die neuen Un_____ Spaniens

aussehen. Die Indios werden sicher gute

*Arb*_____ sein.

13. Kolumbus wurde als Entdeckungsreisender
sehr berühmt. Noch heute wissen viele,
dass Kolumbus Amerika entdeckt hat.
Von den grausamen Taten wissen die meisten nichts.
Was denkt ihr über Kolumbus?
Sprecht in der Klasse darüber.

14. Was denkt Pedro über Kolumbus?
Vervollständige die Denkblase.

Nicht *Ent*_____ hat ihn

nach *I*_____ getrieben, sondern Gier

nach *G*_____ und *R*_____ .

Kapitel 13

1 Der Professor, mein Vater und ich standen 500 Jahre
2 nach der Entdeckungsreise von Kolumbus sprachlos
3 vor dem alten Schriftstück von Pedro.
4 „Dieser Bericht ist eine Sensation", sagte mein Vater.
5 „Niemals wurde die Entdeckung Amerikas
6 auf diese Weise beschrieben!"
7 Vorsichtig rollte ich das Pergament wieder auf, während
8 sich der Professor noch mit meinem Vater unterhielt.
9 „Hier ist noch mehr!", rief ich. Im Fass lag noch etwas,
10 was wir übersehen hatten.
11 „Das ist ein Brief aus dem Jahr 1495, von einem Mönch
12 aus Pedros Kloster", sagte der Professor, nachdem er
13 den Brief angesehen hatte.

14 Der Professor begann erneut zu lesen. Mein Vater
15 und ich lauschten gespannt, was in dem Brief stand:

16 Ich bin Mönch im Kloster von Palos und möchte
17 über die Ankunft der Schiffe von Kolumbus im Jahr 1493
18 berichten. Alle Menschen hatten sich im Hafen
19 versammelt und feierten Kolumbus, den Entdecker.
20 „Es ist ein Wunder, dass Kolumbus und seine Männer
21 wieder hier sind", sagte jemand neben mir.
22 Kolumbus kam mit einer kleinen Gruppe Matrosen
23 in den Hafen gerudert. Alle waren abgemagert und kaum
24 wiederzuerkennen. „Pedro! Carlos!", rief ich glücklich,
25 als ich meine lieben Brüder nach so langer Zeit
26 wiedersah. Sie waren nach Spanien zurückgekommen.
27 Wir nahmen uns in die Arme. Als ich Pedro an mich
28 drückte, erschrak ich, weil er so dünn und knochig war.
29 Sein Gesicht war eingefallen und seine Haut gelblich.
30 Pedro bemerkte meinen Schreck.
31 „Ich bin sehr krank!", sagte er.
32 „Du bist wieder zu Hause", beruhigte ich ihn. „Das allein
33 ist wichtig."
34 Zerrissen zwischen Freude und Sorge brachte ich Pedro
35 und Carlos zu den Pferden. Der Weg vom Hafen
36 zum Kloster war anstrengend. Noch aus der Ferne sahen
37 wir, wie Kolumbus von der Menge umjubelt wurde.
38 Im Kloster angekommen, zündete ich sogleich Kerzen
39 für Pedro an und betete. In der Nacht hatte er
40 heftigen Schüttelfrost und schreckte ein paar Mal
41 aus dem Schlaf hoch. Oft rief er nach Carlos oder
42 fantasierte.
43 Carlos und ich wachten abwechselnd an seinem Bett.

44 Am Morgen öffnete Pedro die Augen und versuchte
45 zu sprechen.
46 „P… Papa …, bist du endlich gekommen?", fragte er
47 mich, während mir Tränen über die Wangen liefen.
48 Er schien mich für seinen Vater zu halten. Dann
49 entspannte er sich und ein seltsamer Friede ging
50 über sein Gesicht.
51 Pedro fiel in einen Schlaf, aus dem er nie wieder
52 erwachte.
53 Zwei Jahre nach dem Tod von Pedro wurde ein Holzfass
54 ins Kloster gebracht, das jemand aus dem Meer gefischt
55 hatte. Es enthielt ein Pergament, auf dem Pedro
56 seinen Reisebericht verfasst hatte. Darin stand
57 unter anderem, dass die Erde rund sei.
58 Ich lege meinen Brief zu dem geheimen Schriftstück
59 in das Holzfass und verberge es so vor der Inquisition.

60 Der Professor ließ den Brief sinken. Ich war traurig
61 über Pedros Tod. Sein Bericht war so lebendig gewesen,
62 dass ich nun viele Bilder in meinem Kopf hatte.
63 In diesem Moment wurde mir klar, dass ich
64 die Geschichte über die Entdeckung Amerikas
65 nie mehr vergessen würde. Und ich wollte sie später
66 einmal selbst lesen können.
67 „Ich möchte Spanisch lernen", sagte ich in die Stille.
68 Mein Vater sah mich verwundert an, aber dann begann er
69 fröhlich zu lachen.
70 „Also wirst du Professor", sagte er.
71 Nun mussten der Professor und ich auch lachen.
72 Pedro hätte sicher auch mit eingestimmt.

Ende

 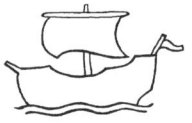

1. Teodor findet einen Brief in dem Fass.
   Wer hat den Brief geschrieben?
   Beantworte die Frage mit einem vollständigen Satz.
   Tipp: Am Ende eines Satzes steht ein Punkt.

   _____

   _____

2. In dem Brief wird von Kolumbus' Ankunft im Hafen
   von Palos berichtet.
   Was hast du sonst noch erfahren?
   Schreibe vier vollständige Sätze in dein Heft.

   In dem Brief steht,

   Pedro stirbt

   Ein Holzfass mit
   Pedros Reisebericht

   Juan Perez versteckt
   den Bericht

   an seiner Krankheit.

   dass Pedro sehr
   krank ist.

   vor der Inquisition.

   wird gefunden.

3. Der Mönch möchte den Brief vor der Inquisition
   schützen.

a) Was ist die Inquisition? Erinnert ihr euch?
   Lest noch einmal den Sachtext auf Seite 21.

b) Was könnte die katholische Kirche gegen den Bericht
   von Pedro gehabt haben? Stellt Vermutungen an.

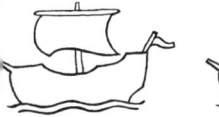    

4. Der Titel dieses Buches ist:
   „1492 – Das geheime Manuskript".
   Wie könnte das Buch anders heißen?
   Sammelt Vorschläge an der Tafel.

5. In welchen Ländern ist Spanisch die Muttersprache
   der Menschen, die dort leben?

a) Schlage in einem Lexikon unter „Spanisch" nach.

b) Kreuze an.

   ❑ in Polen
   ❑ in Spanien
   ❑ in England
   ❑ in China
   ❑ in vielen Ländern Südamerikas
   ❑ in Rumänien

6. Wie hat euch die Geschichte „1492" gefallen?
   Woran erinnert ihr euch besonders gut?
   Bastelt gemeinsam eine Bildertapete.
   Geht so vor:
   – Malt jeweils ein kleines Bild.
   – Klebt die kleinen Bilder
     auf ein großes Stück Tapete.
   – Hängt die Bildertapete in der Klasse auf.

Originalausgabe:
© Peter Gissy, „Det Största av alla Äventyr", 2003
© 2005 by cbj, einem Unternehmen der Verlagsgruppe Random House GmbH, München
© Die Rechte an der deutschen Übersetzung liegen bei Christine Heinzius.

Redaktion: lüra – Klemt & Mues GbR
Technische Umsetzung: Manuela Mantey-Frempong

www.cornelsen.de

1. Auflage, 5. Druck 2023

Alle Drucke dieser Auflage sind inhaltlich unverändert
und können im Unterricht nebeneinander verwendet werden.

© 2006 Cornelsen Verlag, Berlin
© 2018 Cornelsen Verlag GmbH, Berlin

Druck: AZ Druck und Datentechnik GmbH, Kempten

ISBN 978-3-464-60486-1

PEFC-zertifiziert
Dieses Produkt
stammt aus
nachhaltig
bewirtschafteten
Wäldern und
kontrollierten Quellen
PEFC/04-31-2260   www.pefc.de

1492
Das geheime Manuskript

Versuche immer erst, die Aufgabe selbst zu lösen. Vergleiche dann dein Ergebnis mit den Lösungen und Lösungsvorschlägen in diesem Heft.

Lösungen und Lösungsvorschläge zu den Aufgaben von Kapitel 1:

1

1. Die richtigen Antworten sind:
  a) ⊠ in Göteborg
  b) ⊠ Geschichtslehrer
  c) ⊠ nach Spanien
  d) ⊠ ein beschriebenes Pergament
  e) ⊠ in einem Fass

2. a) Hier können wir dir keinen Lösungsvorschlag machen.

b)

das Pergament

das Pergament:
Papier aus geglätteter Tierhaut, meist aus Schaf-, Kalb- oder Ziegenfellen hergestellt

der Mönch

der Mönch:
ein Mann, der einer religiösen Glaubensgemeinschaft angehört und nach bestimmten Regeln lebt. Manche Mönche tragen einen Kapuzenmantel, eine so genannte Kutte.

der Professor

der Professor:
eine Person, die an einer Universität oder Hochschule Studenten unterrichtet

3. Den Text hat der Mönch [P][e][d][r][o] [G][u][c][c][i] geschrieben.

4. Der Mönch schreibt über Kolumbus' Seereise von Spanien nach Amerika.

5. Christoph Kolumbus war ein berühmter **Seefahrer.** Er lebte vor ungefähr **fünfhundert** Jahren.

6. a) Hier können wir dir keinen Lösungsvorschlag machen.

b)

	Stadt	Land	Kontinent
Deutschland		x	
China		x	
Berlin	x		
Europa			x
Göteborg	x		
Schweden		x	
Spanien		x	
Sevilla	x		
Asien			x
Nordamerika			x

Lösungen und Lösungsvorschläge zu den Aufgaben von Kapitel 2:

2

1. Die richtige Antwort ist:

☒ Pedro meldet sich im August 1492 zu dem Schiffsdienst. Das Wetter war sommerlich heiß und die Luft stickig.

2. Wie heißt die spanische Stadt am Hafen? **Palos**
Wer sitzt in der Kutsche? **Christoph Kolumbus**
Wie lautet der Name des Segelschiffs? **Santa Maria**
Wie heißt der Mann mit der Wollmütze? **Miguel**
Welchen Namen hat der älteste Mönch im Kloster? **Bruder Luis**
Wie heißt Pedros Freund? **Carlos**

3. Hier können wir dir keinen Lösungsvorschlag machen.

4. Die richtigen Sätze sind:

☒ Mönche haben keine Frau und keinen eigenen Besitz.
☒ Mönche verbringen viel Zeit mit Beten.
☒ Die Mönche sorgen gemeinsam für ihren Lebensunterhalt.

5. a) Hier können wir dir keinen Lösungsvorschlag machen.

b) 1492 − 6 = 1486

c) Pedro hat Kolumbus im Jahr **1486** kennen gelernt.

6. Folgende Sätze könntest du aufgeschrieben haben:

Christoph Kolumbus möchte von Spanien nach Indien segeln.
Er bittet das spanische Königspaar um Geld für seine Reise.
Kolumbus nimmt an, dass die Erde rund wie eine Kugel ist.

7. a) und b) Hier können wir dir keine Lösungsvorschläge machen.

8. Hier können wir euch keinen Lösungsvorschlag machen.

Lösungen und Lösungsvorschläge zu den Aufgaben von Kapitel 3: **3**

1. Die richtige Antwort ist:

☒ Pedro betet mit der Mannschaft und hält Gottesdienste.

2. Hier können wir dir keinen Lösungsvorschlag machen.

3. Diese Fragen und Antworten könntest du in dein Heft geschrieben haben:
  - Wie heißt Inquisition übersetzt?
    Inquisition heißt übersetzt „Untersuchung".
  - Wen spürte die kirchliche Stelle auf?
    Die kirchliche Stelle spürte Menschen auf,
    die einen anderen Glauben hatten oder gegen
    die Lehre der Kirche verstießen.
  - Wie wurden Menschen mit anderem Glauben bestraft?
    Menschen mit anderem Glauben wurden gefoltert und
    auf dem Scheiterhaufen verbrannt.

4. Diese Adjektive könntest du eingekreist haben:
traurig, ängstlich, verzweifelt, allein

5. Hier können wir euch keinen Lösungsvorschlag machen.

6. Die richtige Antwort ist:

☒ Er soll die Entwürfe von Kolumbus' Karten sauber abzeichnen.

7. Hier können wir euch keinen Lösungsvorschlag machen.

8. a), b) und c) Hier können wir dir keine Lösungsvorschläge machen.

9. Die richtigen Antworten sind:

☒ eine ruhige Hand
☒ Sorgfalt
☒ Genauigkeit

10. **Auf nach Indien!**

11. **Wir kommen zurück!**

Lösungen und Lösungsvorschläge zu den Aufgaben von Kapitel 4:

4

1. Vergleiche deine Lösung mit den Lösungen deiner Mitschüler.

2. Unter Deck schlug ihnen **Wärme entgegen.**
Es roch stark **nach Schweiß.**
Mathias, der stärkste Matrose an Bord,
bewegte **eine Pumpe auf und ab.**
Das Schiff leckte, das heißt, es war **undicht** und **Wasser lief hinein.**
Mit der Pumpe beförderte Mathias das Wasser **aus dem Schiff.**
Carlos konnte die Pumpe **kein Stück** bewegen.
Pedro **schaffte es** ein wenig, sie zu bewegen.

3. Die richtigen Antworten sind:

	viel Kraft	kaum Kraft
eine Karte abzeichnen		x
eine schwere Pumpe bewegen	x	
mit der Mannschaft beten		x
schwere Fässer tragen	x	

4. und 5. a) und b) Hier können wir euch keine Lösungsvorschläge machen.

5

Lösungen und Lösungsvorschläge zu den Aufgaben von Kapitel 5:

5

1. **Juan,** der **Schiffsarzt,** weckt Pedro mitten in der Nacht.

2. **a)** ③ Als die Tote auf einen Karren gehoben wird, findet Pedro etwas Glitzerndes unter ihr im Sand.
   ① Pedro und Juan werden von einem Wächter in die Dünen geführt.
   ⑤ Juan erklärt: „Das ist ein Tigerzahn, den man zusammen mit einem Amulett als Glücksbringer um den Hals trägt."
   ② Dort entdecken sie den leblosen Körper einer jungen Frau.
   ④ Später zeigt Pedro seinen Fund Juan, der ihn sich genau ansieht.

   b) Pedro und Juan werden von einem Wächter in die Dünen geführt. Dort entdecken sie den leblosen Körper einer jungen Frau. Als die Tote auf einen Karren gehoben wird, findet Pedro etwas Glitzerndes unter ihr im Sand. Erst später zeigt Pedro seinen Fund Juan, der ihn sich genau ansieht. Juan erklärt: „Das ist ein Tigerzahn, den man zusammen mit einem Amulett als Glücksbringer um den Hals trägt."

3. **a)** Hier können wir dir keinen Lösungsvorschlag machen.

   b) Eine Düne ist ein **angewehter Sandhügel.**

4. Die richtigen Antworten sind:

   ☒ ein Haarbüschel
   ☒ einen Tigerzahn

5. Hier können wir dir keinen Lösungsvorschlag machen.

6. **a)** Pascual **wäscht** sein Hemd im Meer. Deshalb vermutet Pedro, dass er **Blutspuren** beseitigt.
   Pedro meint **Kratzwunden** am Rücken Pascuals zu entdecken.
   Pascual versucht, sein Hemd **zu verstecken,** und schickt Pedro fort.

6. b) Auf Pascuals Rücken ist Gras.

7. Hier können wir euch keinen Lösungsvorschlag machen.

Lösungen und Lösungsvorschläge
zu den Aufgaben von Kapitel 6:

6

1. Jeden Morgen sieht er **über das Meer,** aber sein Blick findet keinen Halt auf dem endlosen Wasser. Oft sitzt er über Tag stundenlang mit den anderen auf Deck zusammen und sie **erzählen sich Geschichten.** In der Nacht **betrachtet er den Himmel,** aber die leuchtenden Sterne sind das Einzige, was er sieht.

2. a) und b) Hier können wir dir keine Lösungsvorschläge machen.

3. a), b), c) Hier können wir euch keine Lösungsvorschläge machen.

4. a) und b) Hier können wir dir keine Lösungsvorschläge machen.

5. Pascual verhält sich **verdächtig.**
Pascual besitzt **ein Amulett.**

6. Hier können wir dir keinen Lösungsvorschlag machen.

7.  **Wo warst du an dem Abend auf Gomera?**

8. Die richtige Antwort ist:
☒ Pascual war mit anderen Matrosen im Gasthaus.

9.

> Wir müssen mit **Kolumbus** reden.

> **Nein,** Pedro. Kolumbus hat im Moment **Wichtigeres zu tun.** Er muss den richtigen **Weg übers Meer finden.** Wir dürfen ihn nicht mit dieser Sache belästigen, **solange wir uns nicht sicher sind.**

Lösungen und Lösungsvorschläge zu den Aufgaben von Kapitel 7:

7

1. Sicher hast du diese Sätze durchgestrichen:

~~Die Matrosen befürchten, dass sie verhungern werden.~~
~~Sie befürchten, dass sie Gomera nie erreichen werden.~~

2. a) und b) Hier können wir dir keine Lösungsvorschläge machen.

c) Seetang kann braun, rot oder **grün** sein. Seetang besteht aus größeren **Algen.** Er sieht aus wie **Gras.**
Die **drei Hauptgruppen** sind Braunalgen, Rotalgen und Grünalgen. In Japan ist Seetang ein **Nahrungsmittel.**

3. Die richtige Antwort ist:

☒ die Stimmen von Matrosen, die eine Meuterei planen

4. Hier können wir euch keinen Lösungsvorschlag machen.

5. So könntest du die Fragen beantwortet haben:

− Was ist „Meuterei" für ein Wort?
„Meuterei" ist ein Wort aus der Schifffahrt.

- Was tun Matrosen, die meutern?
Matrosen, die meutern, lehnen sich gegen den Kapitän auf.
Sie verweigern ihm den Gehorsam.
- Wie wurde Meuterei früher bestraft?
Meuterei wurde früher mit dem Tode bestraft.

6. Die richtige Antwort ist: ☒ Kapitän

7. Die richtige Antwort ist: ☒ Kolumbus

8. Hier können wir euch keinen Lösungsvorschlag machen.

9. Sicher hast du diese Bilder durchgestrichen:

10. Die richtige Antwort ist: ☒ 6

11. Einige Matrosen boxen Kolumbus.   ☒ richtig
Einige Matrosen werfen Kolumbus
über Bord ins Meer.   ☒ falsch
Es entsteht eine wilde Prügelei.   ☒ richtig
Der Steuermann greift ein.   ☒ richtig
Kolumbus knallt mit einer Peitsche.   ☒ falsch
Kolumbus lässt mit einer Pistole
einen Warnschuss los.   ☒ richtig
Die Meuterei gelingt.   ☒ falsch

12. Hier können wir euch keinen Lösungsvorschlag machen.

Lösungen und Lösungsvorschläge zu den Aufgaben von Kapitel 8:

8

1. a) Hier können wir dir keinen Lösungsvorschlag machen.

b) der **Horizont**

2.

Pedro	hält eine Ansprache.
Kolumbus	küsst die Erde und spricht einen Segensspruch für das Land.
Pedro	lauschen den Worten von Kolumbus.
Die Matrosen	stellt ein Holzkreuz auf.

3.

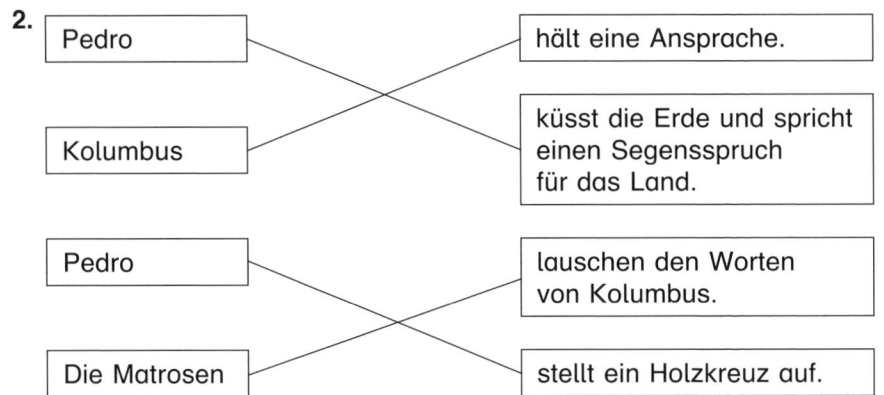

Im Namen des spanischen Königs nehme ich diese Insel in **Besitz** und ernenne alle **Bewohner** dieser Insel zu **Untertanen** und treuen **Dienern** Spaniens.

4. Hier können wir euch keinen Lösungsvorschlag machen.

5. a) Hier können wir dir keinen Lösungsvorschlag machen.

b) Die richtige Antwort ist: ☒ vor der Küste Nordamerikas

6. Hier können wir dir keinen Lösungsvorschlag machen.

10

7. Nordamerika, Südamerika und **Australien**

8. Hier können wir euch keinen Lösungsvorschlag machen.

9. Kolumbus hat **Amerika** entdeckt.

10. Das ist den Spaniern fremd:
   – die Sprache der Eingeborenen
   – die Nacktheit
   – die dunkle Hautfarbe
   – der viele Goldschmuck
   – die ungewöhnlichen Speere

Das ist den Eingeborenen fremd:
   – die Sprache der Spanier
   – die Kleidung
   – die helle Hautfarbe
   – die Glasperlen
   – die Schwerter

11. Die richtige Antwort ist:

☒ den Goldschmuck der Eingeborenen

**Lösungen und Lösungsvorschläge
zu den Aufgaben von Kapitel 9:**

9

1. Sicher hast du diese Sätze farbig unterstrichen:

Die Seemänner füllen ihre Flaschen mit Wasser.

Sie packen so viel Obst wie möglich in ihre Taschen.

Eine Gruppe Matrosen soll sich nach Gold umsehen.

2. Diese Adjektive könntest du eingekreist haben:
unzufrieden, ungeduldig

3. In **Colba** soll es Gold geben.
   Dieser Ort soll in **China,** also neben Indien, liegen.

4. Pedro ist schon bald **erschöpft.**
   Er bleibt **allein** zurück.
   Er legt sich unter **einen Baum** schlafen.
   Plötzlich wird er von einem lauten **Geräusch** geweckt.
   Pedro sieht im Fieberwahn leuchtende **Augen.**
   Vergeblich versucht er zu **fliehen.**
   Pedro fällt in **Ohnmacht.**
   Als er erwacht, hört er **Trommeln** und Gesang.
   Jemand flößt ihm eine **übel** riechende Flüssigkeit ein.
   Pedro fällt **wieder** in Ohnmacht.

5. Hier können wir euch keinen Lösungsvorschlag machen.

**Lösungen und Lösungsvorschläge
zu den Aufgaben von Kapitel 10:**

10

1.

K o l u m b u s   J u a n   C a r l o s

2. **a)** Sicher hast du diese Sätze durchgestrichen:

~~Pedro ist fröhlich und erzählt sogleich,
was ihm die letzten Tage alles passiert ist.~~

~~Er springt ohne Hilfe auf und isst erst einmal etwas.~~

~~Pedro fühlt sich bereits am nächsten Tag wieder kräftig
und gesund.~~

Lösungen

2. b) Sicher hast du diese Sätze in dein Heft geschrieben:

Pedro ist sehr schwach und kann im ersten Moment nicht einmal sprechen.
Er benötigt beim Aufstehen Hilfe und muss gestützt werden.
Er kann sich nicht genau erinnern, was in den vergangenen vier Tagen geschehen ist.
Pedro erholt sich nur langsam.

3., 4. und 5. Hier können wir euch keine Lösungsvorschläge machen.

6. a) Hier können wir dir keinen Lösungsvorschlag machen.

b) Es könnte die Matrosen ärgern, dass sie nach einigen Monaten Seereise ihr Ziel Indien noch nicht erreicht haben.

7. Die richtige Antwort ist:

☒ Tinto will herausfinden, wie wichtig er Kolumbus ist.

8. Vergleiche deine Lösung mit den Lösungen deiner Mitschüler.

9. Sicher hast du diese Antworten farbig unterstrichen:

<u>aus Palmblättern</u>　　　<u>aus Ästen</u>

Lösungen und Lösungsvorschläge zu den Aufgaben von Kapitel 11:   **11**

1. a) Am Abend bemerkt Pedro, dass Mathias eine junge Frau beobachtet. Später in der Nacht weckt Juan Pedro. Gemeinsam finden sie eine tote junge Frau. Die junge Frau hat den Mörder verletzt, bevor sie starb. Juan spürt den Mörder hinter einer Düne auf. Pedro ist fassungslos. Er hatte den falschen Matrosen verdächtigt.

1. b) Hier können wir dir keinen Lösungsvorschlag machen.

c) M a t h i a s hat die beiden Morde begangen.

2. Diese Adjektive könntet ihr an die Tafel geschrieben haben:

grausam, kaltblütig, brutal, roh, arglistig, bösartig

3. und 4. Hier können wir euch keine Lösungsvorschläge machen.

5. So könntest du die Fragen beantwortet haben:

- Was ist die Eidechse?
  Die Eidechse ist ein Reptil.
- Wie viele Zehen haben die Gliedmaßen von Eidechsen?
  Die Gliedmaßen von Eidechsen haben fünf Zehen.
- Was macht eine Eidechse, wenn ein Feind ihren Schwanz festhält?
  Wenn ein Feind den Schwanz einer Eidechse festhält, wirft die Eidechse ihren Schwanz ab.

6. Vergleiche deine Lösung mit den Lösungen deiner Mitschüler.

Lösungen und Lösungsvorschläge zu den Aufgaben von Kapitel 12: **12**

1. Pedro hat **Heimweh.**

2. Hier können wir dir keinen Lösungsvorschlag machen.

3. Ein Anfall kann durch **Krankheiten** oder durch Störungen im **Gehirn** ausgelöst werden.

4. Pedro leidet unter wilden **Zuckungen** und unkontrollierten **Bewegungen.**

5. Nach dem Anfall ist seine linke Körperhälfte wie **gelähmt.**

6. Die Matrosen singen Weihnachtslieder.   ☒ richtig
Carlos und Juan bringen Pedro
etwas vom Weihnachtsessen.   ☒ richtig
Pedro übernimmt das Ruder.   ☒ falsch
Der Steuermann lässt Carlos ans Ruder.   ☒ richtig
Kolumbus schläft am Ruder ein.   ☒ falsch
Carlos schläft am Ruder ein.   ☒ richtig
Das Schiff läuft auf Grund.   ☒ richtig

7. Die Matrosen singen Weihnachtslieder.
Carlos und Juan bringen Pedro etwas vom Weihnachtsessen.
Carlos übernimmt das Ruder.
Carlos schläft am Ruder ein.
Das Schiff läuft auf Grund.

8. Hier können wir euch keine Lösungsvorschläge machen.

9. Die richtigen Antworten sind:

☒ Eine Schiffsmannschaft, also 36 Matrosen,
bleibt auf der Insel zurück.
☒ Aus dem Holz der Santa Maria wird eine Festung auf der Insel
gebaut.

10. Sicher hast du dieses Adjektiv eingekreist: freundlich

11. ☐2☐ Dann schießen zwei Matrosen mit ihren Musketen
auf die unbewaffneten Eingeborenen.
☐3☐ Zwei Eingeborene werden schwer verletzt. Drei lässt Kolumbus
gefangen nehmen. Die anderen rennen weg.
☐1☐ Kolumbus stößt Carlos zur Seite und ruft: „Feuer frei!"

12.

Der **König** und die **Königin** sollen
erfahren, wie die neuen **Untertanen**
Spaniens aussehen. Die Indios werden
sicher gute **Arbeitskräfte** sein.

13. Hier können wir euch keinen Lösungsvorschlag machen.

14.

Nicht **Entdeckergeist** hat ihn nach **Indien** getrieben, sondern Gier nach **Gold** und **Ruhm**.

Lösungen und Lösungsvorschläge zu den Aufgaben von Kapitel 13:

13

1. So könntest du die Frage beantwortet haben:

Ein Mönch aus Pedros Kloster hat den Brief geschrieben.

2. Diese vier Sätze könntest du in dein Heft geschrieben haben:

In dem Brief steht, dass Pedro sehr krank ist.
Pedro stirbt an seiner Krankheit.
Ein Holzfass mit Pedros Reisebericht wird gefunden.
Juan Perez versteckt den Bericht vor der Inquisition.

3. a) und b) Hier können wir euch keine Lösungsvorschläge machen.

4. Hier können wir euch keinen Lösungsvorschlag machen.

5. a) Hier können wir euch keinen Lösungsvorschlag machen.

b) Die richtigen Antworten sind:

☒ in Spanien
☒ in vielen Ländern Südamerikas

6. Hier können wir euch keinen Lösungsvorschlag machen.